Merchandising

머천다이징은 무엇을 언제 어디서 얼마나 팔 것인가라는 판매계획에서 시작된다. 판매계획을 세우려면 재고계획, 원가계획, 구매계획이 필요하다. 구매계획은 발주에서부터 출발한다. 무엇을 언제 몇 개나 들여올 것인가. 간단한 듯 어려운 단계가 발주작업이다. 필자는 발주가 단순한 작업이 아니라 의사결정의 한 수단이라고 생각한다. 발주에 성공하면 총매출은 꾸준히 상승한다. 그러나 발주에 실패하면 재고가 산처럼 쌓이거나 품절로 인해 기회를 놓치고 만다. 따라서 머천다이징은 점포의 예상고객을 염두에 두고 팔릴만한 상품을 발주하는 데서부터 출발한다.

손에 잡히는

머천다이징

기노시타 야스시(木下安司) 저 박두규 역

우용출판사
1997
www.choolpansa.com

옮긴이의 글

비즈니스란 큰 줄기로 보면 팔 상품(서비스 포함)을 준비하는 활동(구매를 포함하는 sourcing)과 그 상품을 높은 값을 받고 고객에게 전달하고 그 대가를 받는 넓은 의미의 마케팅(marketing)활동으로 이루어져 있다고 볼 수 있고, 이 두 가지 활동은 상호 독립적이라기보다는 유기적으로 밀접하게 연관되어 있다.

이 두 가지 활동을 연결하는 것 중의 하나가 머천다이징(merchandising)이라고 하는 팔 상품, 아니 팔릴지 않을 수 없는, 고객이 찾지 않을 수 없는 상품을 준비하는 활동이다. 제조업에서는 상품기획(product planning)이라고 하고, 유통업, 패션업에서는 머천다이징이라고 부른다. 그 핵심은 고객이 원하는, 찾지 않을 수 없는 상품을 잘 계획하고 기획하여 팔 상품을 준비하는 것이다.

유통업이란 단순화해 보면 기본적으로 상품을 사서(buying) 파는(selling) 업(業)이다. 지금까지는 주로 어떻게 팔 것인가에 중점을 두고 학교에서 교육이 이루어져 왔다. 그런데 파는 경우 결정권은 주로 고객에게 있고 고객은 경쟁자가 제공하는 상품과 비교해 자기에게 보다 큰 혜택을 주는 쪽을 선택하게 마련이다. 즉 파는 사람의 관점에서 보면 운신의 폭이 적고 사는 사람의 결정에 따르는 수동적이지 않을 수 없다. 반면 지금까지 학교에서 별로 가르치지 않았던 상품을 사는 것(buying), 넓게 보아 상품을 조달하는 활동(sourcing)의 경우 결정권이 같은 논리로 사는 사람, 구매기업에게 있으므로 잘 계획(즉 고객이 찾지 않을 수 없게)한다면 여러 가지 선택대안을 가질 수 있게 된다. 즉 잘 사는 것, 잘 조달하는 것이 바로 유통업의 핵심이고, 수익의 중요한 원천임을 알 수 있다. 잘 사는 것의 핵심이 바로 유통업의 머천다이징 활동이다.

2009년 우리나라의 소매업 시장규모가 180조 원에 달함에도 불구하고 대학교에서 제대로 가르칠 수 있는 머천다이징 교재도 그렇게 많지 않다. 더구나 우리나라 현업의 사례가 곁들여진 교재는 거의 전무한 실정이다.

그런 측면에서 금번에 번역. 출간한 “손에 잡히는 머천다이징”은 비록 일본사례 중심이긴 하지만 기본개념부터 깊이 있는 전문 영역까지 실제 유통업의 머천다이징 실제사례와 함께 쉽게, 많은 도표와 같이 기술되어 있어 대학교의 머천다이징이나 상품기획 부교재, 현업의 실무교재로 활용하면 상당히 유용하리라 생각된다.

우리나라에서도 우리의 머천다이징 사례가 곁들여진 이러한 종류의 책들이 이른 시간 내에 출간되어 한국의 유통경쟁력 향상 및 유능한 유통인 양성에 도움이 되었으면 한다.

2010년 1월

옮긴이 박두규

시작에 앞서

지금은 유통업계 종사자뿐 아니라 사업가이든 영업사원이든 모두 '머천다이징 사고'가 필요한 시대이다. 왜냐하면 상품을 적절히 구매하여 쌓아두고 판매하는 머천다이징식(式) 사고가 비즈니스 전반에 걸쳐 보편적으로 활용되기 때문이다.

머천다이징은 ① 재고를 줄이면서 매출과 이익 극대화, ② 매장면정을 넓히지 않으면서 고객만족도 향상이라는 생각이 근간을 이룬다. 어찌 보면 두 모순된 명제를 달성하려는 시도가 '머천다이징식 사고'라고 해도 과언은 아닐 것이다. '머천다이징식 사고'는 더 이상 '유통업계만의 발상'이 아니다.

머천다이징은 무엇을 언제 어디서 얼마나 팔 것인가라는 판매계획에서 시작된다. 판매계획을 세우려면 재고계획, 원가계획, 구매계획이 필요하다. 구매계획은 발주에서부터 출발한다. 무엇을 언제 몇 개나 들여올 것인가. 간단한 듯 어려운 단계가 발주작업이다. 필자는 발주가 단순한 작업이 아니라 의사결정의 한 수단이라고 생각한다. 발주에 성공하면 총매출은 꾸준히 상승한다. 그러나 발주에 실패하면 재고가 산처럼 쌓이거나 품절로 인해 기회를 놓치고 만다.

따라서 머천다이징은 점포의 예상고객을 염두에 두고 팔릴만한 상품을 발주하는 데서부터 출발한다.

머천다이징이 주목받지 못했던 시대에는 도매업이나 제조업이 소매업 진열대를 직접 관리했다. 즉, 제조자나 판매자의 생각대로 상품을 분류하다보니 매장구성과 상품구성이 소비자가 쇼핑하기에 불편했다.

그러나 물건이 충분하고 소비자의 선택기준이 엄격해지는 지금, 머천다이징은 180도 바뀌었다. 아니, 변하지 않으면 안 되는 시대가 됐다고 해야 옳을 것이다. 제조자, 판매자의 생각만으로는 물건이 팔리지 않는 시대가 된 것이다. 이제는 소비자의 관점, 고객의 관점에서 매장을 꾸미고 상품을 만들어야 팔리는 시대가 되었다.

사실 매장을 구성하고 그 안에 상품을 진열하고 나서 고객이 내점하여 예측한 상품이 팔리는 과정을 지켜보는 일은 즐겁기 그지없다. 머천다이저가 세운 예측이나 가설이 적중했다는 것은, 곧 고객에게 인정받았다는 말이니 얼마나 신날 것인가? 또 상사나 동료에게도 칭찬의 말이 끊이지 않을 것이다. 이러한 결과가 그간의 고생을 잊게 해줄 것이다. '머천다이징의 즐거움'을 온몸으로 느끼길 바라는 마음에서 이 책을 집필하게 되었다.

이 책은 지금까지 속속들이 알려지지 않았던 머천다이징을 기본부터 알기 쉽게 해설했다. 이해하기 쉬운 단어와 그림을 사용하여 읽기 쉽게 하는 데 중점을 두었다. 머천다이징이라는 말을 처음 들어본 사람을 위해서 난해한 표현을 피하고 되도록 쉽게 이해할 수 있도록 궁리를 거듭했다.

머천다이징을 알면 편의점(CVS)이나 슈퍼마켓, 드럭스토어[1], 홈센터, 패션전문점 등에서 즐겁게 쇼핑할 수 있다. 같은 점포와 매장이라도 지금까지와는 다르게 보일 것이기 때문이다. 이제 여러분은 단순한 개인 소비자가 아니라 컨설턴트가 되어 매장을 둘러보게 될 것이다.

어쩌면, "이 매장은 ISM 원칙에 맞지 않는군!" 혹은 "AIDMA 법칙을 도입하여 고객에게 서비스를 하면 더욱 잘 팔릴 텐데."라고 자기도 모르게 한 마디 해주고픈 충동에 사로잡힐지도 모른다.

이제 눈앞의 문을 활짝 열고 머천다이징의 세계로 즐겁게 항해하길 바란다.

"Bon Voyage!"

2008년 3월

기노시타 야스시

1) drug store, 건강식품, 화장품, 목욕용품 등을 판매하는 소매업으로 한국에는 CJ의 '올리브 영', 코오롱의 'W스토어', 'GS왓슨스' 등이 있다.

목차

시작에 앞서

PART 3 가격설정법과 상품가치 높이는 법
점포의 경영방침 · 경영전략에 근거한 가격정책

PART 4 전략적으로 상품을 관리하려면

기업의 관점에 서서 고객기본욕구에 정확히 대응한다.

PART 5 점포와 매장의 소구력을 어떻게 높여갈 것인가?
내점객수를 늘리고 객단가를 향상시키는 데 효과적인 대책

PART 6 점포 내에서 상품을 얼마나 잘 팔 것인가?

인스토어 · 머천다이징(ISM)에 따른 점포활성화

PART 7 정보화는 어떻게 진전될 것인가?

전체적인 최적화에 따라 상거래의 효율화 · 인력절감 촉진

PART 1

머천다이징이란 무엇인가?

고객가치를 가장 중시하고 기업의 매출과 이익의 극대화를 도모한다.

1. 어떤 상품을 어떻게 팔 것인가?
2. 도매업은 소매업 기본욕구에 따라 상품을 구색한다.
3. 다섯 가지 적정을 종합적으로 관리한다.
4. 마케팅은 총괄판매계획 세우기
5. 마케팅 콘셉트는 변한다.
6. 리스크 머천다이징은 반품불가
7. 팀 머천다이징은 제판(製販)동맹
8. 글로벌 머천다이징
9. 크로스 머천다이징으로 연관진열
10. 혼합(Scrambled) 머천다이징
11. 날씨에 주목하라! 날씨(Weather) 머천다이징

1 어떤 상품을 어떻게 팔 것인가?

머천다이징이란 상품의 매입, 재고, 판매를 관리하는 것

1. 머천다이징이란?

머천다이징은 '상품기획' 혹은 '상품화 계획'이라고 한다. 즉, 상품구색을 계획하고 실행, 관리하는 일을 말한다. 주로 유통업(도매업, 소매업)에서 사용하는 용어이다. 도·소매업은 제조업과는 달리 물건을 만들어서 판매하지 않는다. 도·소매업은 제조업이 만든 제품을 매입하여 작은 단위로 나눠서 팔거나 낱개로 판매한다.

따라서 도·소매업에서는 어떤 상품을 언제, 얼마나 매입하여 얼마에 어떻게 판매할 것인지가 중요하다. 도·소매업이 실시하는 상품 매입, 재고, 판매에 이르는 전반적인 관리를 머천다이징이라고 한다. 머천다이징은 도매업이나 소매업에게 생명선이라고 할 만큼 비중이 높다.

2. 머천다이징의 목적

도·소매업에게 머천다이징 목적은 다음의 두 가지로 집약된다.

① 상품을 통해 최종 소비자의 가치를 극대화한다.

② 상품을 통해 자사의 매출, 이익을 극대화한다.

①과 ②는 대립하는 개념이 아니다. ②를 추구하다보면 ①에 이르게 되고, ①을 추구하다보면 ②의 필요성이 대두되는 상호보완적인 관계이다.

최근 들어 사회 지향적 마케팅을 외치는 소리가 커지고 있다. 대량생산, 대량소비 시대처럼 대량으로 만들고 남으면 폐기한다는 발상으로는 소비자에게 외면당하기 쉽다.

소비자의 가치를 극대화하기 위해서 기업은 머천다이징에 주목해야만 한다. 소비자는 가치 있는 것에는 돈을 지불하고 가치가 없는 것에는 눈길도 주지 않는다. 유통업이 머천다이징을 실시할 때는 고객지향, 소비자지향, 사회지향이라는 발상을 잊어서는 안 된다.

【머천다이징의 개념도】

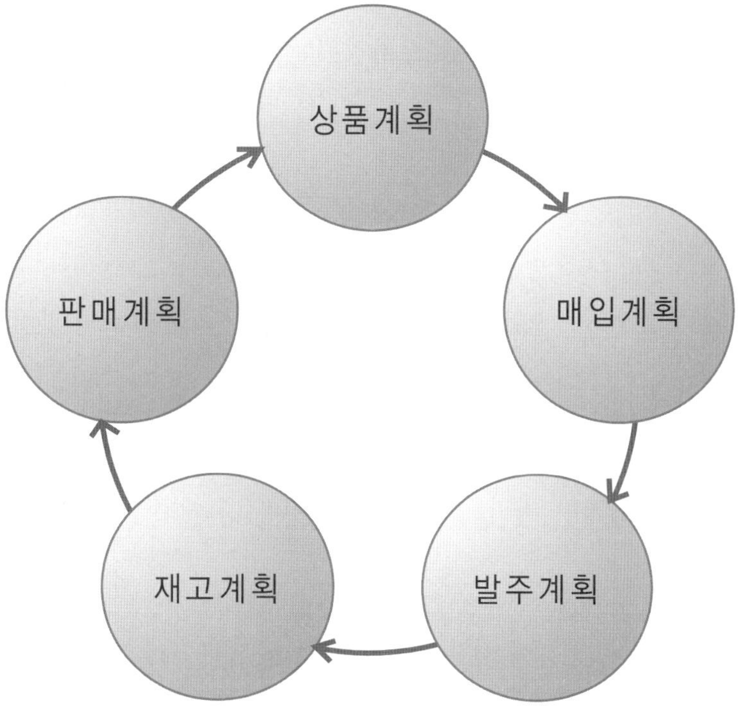

◉ 전체를 관리, 통제하는 것이 머천다이징이다.

3. AMA가 내린 머천다이징 정의

AMA(American Marketing Association, 미국마케팅협회)는 머천다이징을 다음과 같이 정의한다.

"기업의 마케팅 목적을 달성하기 위하여 특정 상품과 서비스를 가장 효과적인 장소, 시간, 가격 그리고 수량으로 시장에 제공하는 일에 관한 계획과 관리이다."

AMA의 정의를 요약하면 머천다이징이란 ① 적정한 상품을 ② 적정한 장소에서 ③ 정적한 시기에 ④ 적정한 가격으로 ⑤ 적정한 수량을 제공한다는 뜻이다. 이를 머천다이징의 다섯 가지 적정(適正)이라고 한다. 머천다이징의 다섯 가지 적정에 대해서는 3항에서 자세히 소개하겠다.

2 도매업은 소매업 기본욕구에 따라 상품을 구색한다.

소매업은 소비자 기본욕구를 파악하는 데서 머천다이징이 시작된다.

1. 도매업 머천다이징의 특징

도매업은 제조업과 소매업의 중간에 위치한다. 중간유통배제론[2)]이 대두되는 가운데 도매업이 살아남으려면 어떻게 해야 할까? 물론 다양한 방법이 있지만 그 중 머천다이징 기능, 즉 상품구색기능이 가장 중요하다고 할 수 있다.

도매업 머천다이징에서 가장 중시해야할 점은 상품 판매처인 소매업의 기본욕구에 맞춘 상품을 제공하는 일이다. 소매업이 원하는 상품을, 원하는 때에, 원하는 수량만큼, 원하는 장소에, 원하는 가격으로 배송하는 일이 도매업의 최대 사명이라고 해도 과언이 아니다.

말로 설명하기는 쉽지만 실제로 실시하다보면 여러 가지 문제에 맞닥뜨리게 된다. 물론 도매업이 판매처인 소매업만 바라봐서도 안 된다.

소매업과 정보를 공유하여 최종 소비자를 염두에 둔 머천다이징을 실행해야 한다.

2. 소매업 머천다이징의 특징

유통채널[3)] 상, 소매업은 소비자와 직결된다. 따라서 소매업체가 머천다이징을 실시할 때는 소비자를 중심에 두어야한다.

소비자의 기본욕구(needs)를 파악하는 일은 소매업 머천다이징의 출발점이다. 소비자가 원하는 상품을, 원하는 장소에서 제공하는 일이 소매업에게 부과된 최대의 책무이기 때문이다.

---

2) 생산자와 소비자 사이에 존재하는 도소매업과 같은 유통단계의 세분화로, 처음 형성된 가격에 유통마진이 더해지면서 최종소비자가만 높아지는 결과를 낳는 악순환이 계속되자 이들 중간유통단계를 개선하자는 주장이다.

3) 유통경로 중에서 판매라는 측면만을 부각시킨 상품의 흐름을 말한다.

도매업과 소매업의 관계와 사명

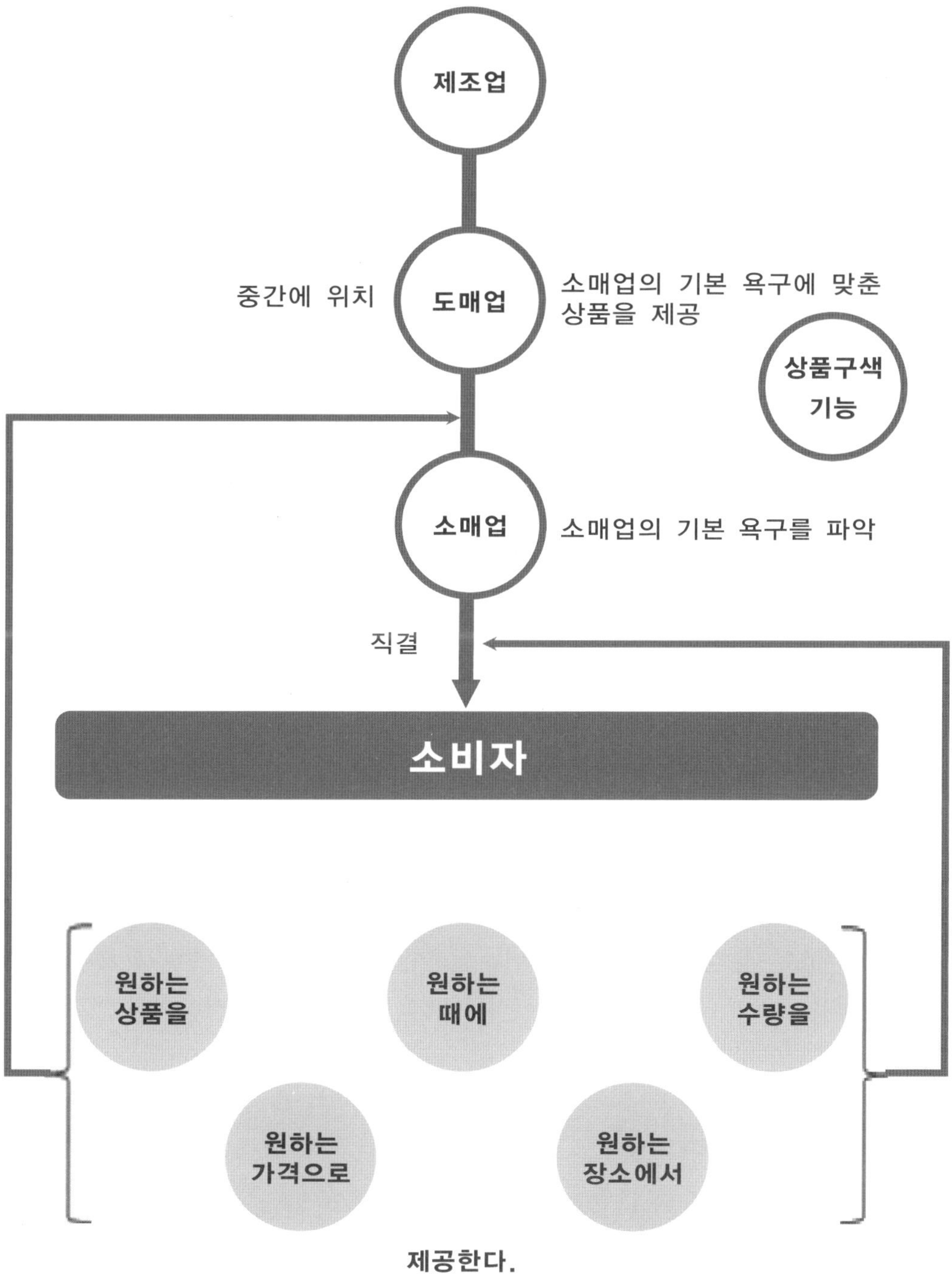

3 다섯 가지 적정을 종합적으로 관리한다.

적정한 상품 및 서비스, 장소, 시기, 수량을 통제한다.

1. 다섯 가지 '적정'이란?

머천다이징은 고객가치 및 기업의 매출과 이익을 극대화하기 위해 다섯 가지 적정(적정한 상품 및 서비스, 장소, 시기, 가격, 수량)을 관리하고 통제하는 일이다. 다섯 가지 적정 항목을 개별적으로 관리하는 일도 중요하지만 종합적으로 관리 및 통제하는 일은 더욱 중요하다.

다섯 가지 적정을 AMA의 머천다이징 정의대로 풀어보면 다음과 같다.

2. 적정한 상품이란?

고객의 기본욕구를 충족시킨 상품 및 서비스가 마련된 모든 수단을 가리킨다. 소매업이라면 소비자가 바라는 상품을 점포나 통신판매 등을 통해 판매하는 일이다. 적정한 상품에는 가격과 품질이라는 문제도 포함된다.

모든 상품의 종류를 갖추는 종합화 방향이 나을지, 상품 범위를 어느 정도 좁힌 전문화 방향이 나을지 판단해야 한다. 도매업에서 '적정한 상품'이란 소매업이 바라는 상품을 갖추는 상품구색 기능을 가리킨다.

3. 적정한 장소란?

고객의 기본욕구에 맞춘 장소를 뜻한다. 소매업이라면 점포의 위치, 점내 레이아웃, 상품군별 진열구역계획(zoning), 진열면수계획(facing)이 '적정한 장소'에 해당한다. 아무리 최고의 상품을 갖춰도 점포의 위치가 나쁘거나 점내 레이아웃이 형편없으면 상품은 팔리지 않는다.

도매업에 적정한 장소란 도매업체의 입지 전략이 아니라 소매업이 원하는 장소로 상품을 배달하는 일을 말한다.

머천다이징 사이클

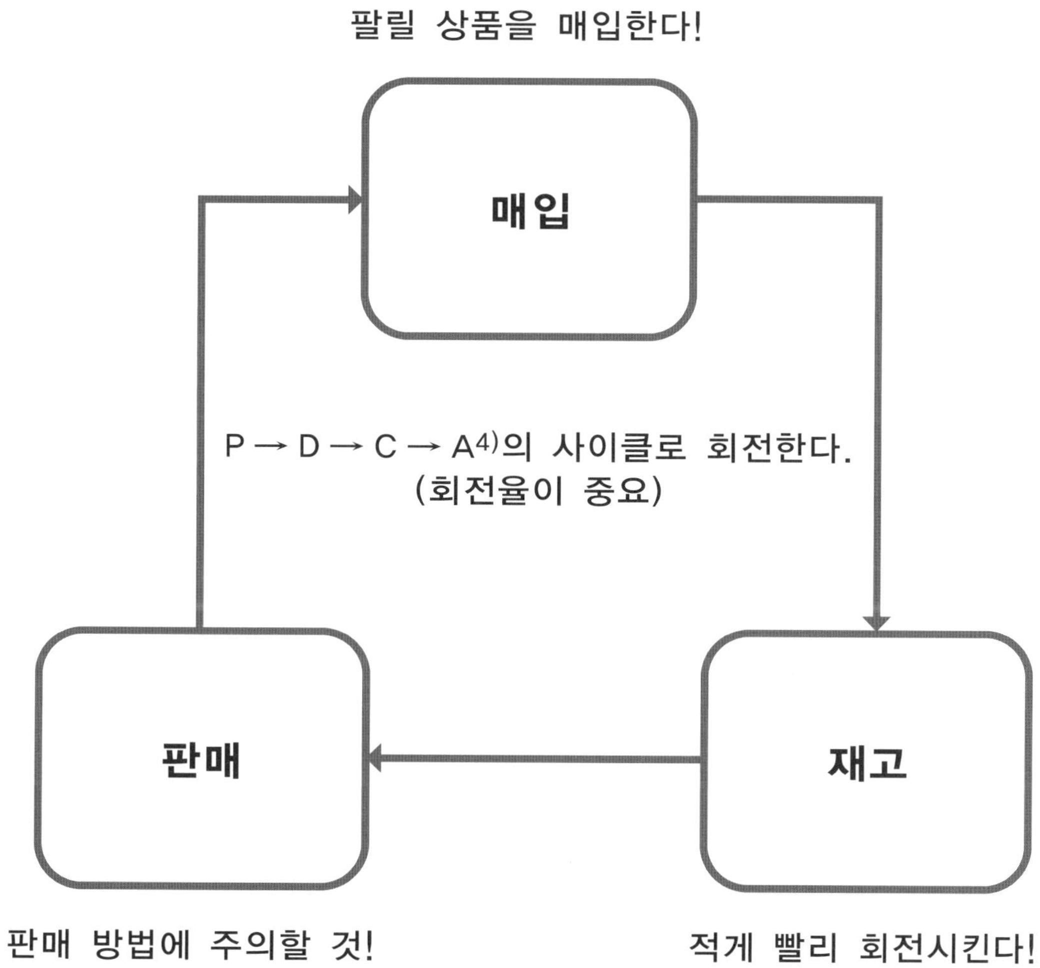

4) P → D → C → A : Plan, Do, Check, Act를 의미하는 경영순환사이클.

4. 적정한 시기란?

고객의 기본욕구에 맞춘 시기 즉 타이밍에 맞게 상품을 제공하는 것을 말한다. 의류처럼 계절성이 높은 상품은 물론이려니와 식품 등 생필품도 판매하는 타이밍이 중요하다. 예를 들어 편의점의 도시락을 떠올려보자. 도시락은 아침, 점심, 저녁 식사시간에 맞추어 상품을 구색해야 매출이 증가한다.

만약 어중간한 시간에 제공한다면 매출은 늘지 않는다. 모든 상품에는 최적의 판매시기라는 뜻의 '선도(鮮度)'가 있는데, 이를 놓치면 팔 수 있는 상품을 팔지 못하여 발생하는 '폐기손실[5]'라는 위험성이 증가한다.

도매업에게 적정한 시기란 소매업이 상품을 제공받기 원하는 시간이다. '납품시기' '납품시각' '납품횟수' 등이 여기에 해당한다.

5. 적정한 가격이란?

고객의 기본욕구에 맞춘 가격으로 제공하는 일이다. 영어로는 'reasonable price(합리적인 가격)'라고 한다. 합리적인 가격이란 고객이 납득하여 구매를 결정하게 만드는 가격을 말한다. 이 때 가격은 너무 비싸도 안 되며 지나치게 저렴해도 안 된다. 가격이 높으면 고객이 외면하고 가격이 낮으면 기업에 이익이 돌아가지 않기 때문이다.

'품질 ÷ 가격 = 가치'라는 공식에서도 알 수 있듯이 최종 소비자의 가치를 높이는 가격을 채택해야 한다.

6. 적정한 수량이란?

고객의 기본욕구에 맞춘 적정한 수량을 제공하는 일이다. 너무 많아도 너무 적어도 안 된다. 적정한 재고량을 확보하는 일이 중요하다. 따라서 머천다이징에서는 재고관리가 중요한 의미를 갖는다.

재고에서 과부족이 발생하지 않고 동시에 품절도 되지 않는 재고량을 '적정재고'라고 한다. '적정재고'를 설명하기는 쉽지만 실제로 적용하다보면 여간 어려운 일이 아니다. 매일 기록하는 매입수량, 판매수량, 재고수량을 꼼꼼하게 관리하여 적정한 재고수량인지를 반드시 확인해야 한다.

---

5) 유통기한 내 팔리지 않은 제품을 폐기함에 따라 생기는 손실, 특히 채소나 육류와 같은 신선품의 경우 폐기손실 관리가 매우 중요하다.

다섯 가지 적정을 실천한다.

1 적정한 상품

- 종합화 혹은 전문화
- 도매업에서는 소매업이 원하는 상품을 구색하는 기능

2 적정한 장소

- 고객의 기본욕구에 맞춘 장소
- 점포의 위치, 점내 레이아웃

3 적당한 시기

- 고객의 기본욕구에 맞춘 타이밍
- 판매시의 선도
- 납품시기 / 시각 / 회수(도매업)

4 적정한 가격

- 고객의 기본욕구에 맞춘 가격
- 합리적인 가격(reasonable price)
- 품질 ÷ 가격 = 가치

5 적정한 수량

- 고객의 기본욕구에 맞춘 수량
- 과잉재고가 되지 않도록 적정재고 유지
- 과유불급, 많지도 적지도 않게

4 마케팅은 총괄판매계획 세우기

머천다이징은 마케팅의 한 영역이다.

1. 마케팅과 머천다이징의 관계와 차이

마케팅과 머천다이징은 개념이 비슷하므로 구별하여 사용할 필요가 있다. 마케팅은 머천다이징보다 넓은 개념으로, 판매계획 수립 혹은 판매 시스템이라고도 하며 생산자로부터 소비자로 이르는 상품의 전체적인 흐름을 가리킨다.

제조업이든 도·소매업이든 상품을 팔기 위해서는 전략이 필요하다. 상품을 팔기 위해서 기업 전체를 총괄하는 전략을 구축하는 일이 마케팅의 주목적이다.

반면에 머천다이징은 마케팅 영역 중 상품구색과 가격전략에 관련된 활동을 가리킨다.

마케팅과 머천다이징이 어떻게 다른지, 두 가지 정의(머천다이징 정의는 1항에서 설명)를 보며 확인해보자.

2. 마케팅의 정의

미국마케팅협회(AMA)는 마케팅을 다음처럼 정의한다.

(1) 2004년도의 새 정의

마케팅은 조직적 활동이며, 고객에게 가치를 창조하고, 가치에 대한 커뮤니케이션을 실시하며, 가치를 전달하기 위한 일련의 과정이며, 나아가 조직 및 조직의 이해관계자들(stakeholder)에게 혜택을 가져다주는 방법으로 고객관계를 관리하기 위한 일련의 과정이다.

(2) 1985년도의 구 정의

마케팅이란 개인이나 조직의 목적을 만족시키기 위한 교환창출을 위해 아이디어, 상품, 서비스의 개념, 가격설정, 촉진, 유통을 계획, 집행하기 위한 일련의 활동이다.

1985년도 구 정의의 특징은 마케팅을 ① 표적고객 설정, ② 마케팅믹스[6] 구축이

---

6) Marketing Mix : 마케팅 목표달성을 위해 마케팅 활동에서 사용되는 여러 가지 마케팅믹스 요소들을 전체적으로 균형이 잡히도록 조정 및 구성하는 일을 말한다.

라는 두 가지 영역으로 나누었다. AMA의 구 정의에 따르면 마케팅과 머천다이징은 25쪽 하단 그림처럼 구별할 수 있다.

마케팅믹스 중에서 머천다이징에 해당하는 것은 아이디어, 상품, 서비스의 콘셉트, 가격설정, 유통의 일부라고 볼 수 있다.

반면에 2004년도 새 정의의 특징은 ① 마케팅 목적으로 고객가치의 창출을 전면에 내세웠으며, ② 마케팅은 조직적 활동이고, ③ 고객 관계성의 마케팅을 중시한다고 나와 있다. 새 정의에서는 마케팅 대상이 대중(mass)에서 개인(one-to-one)으로 이동 중임을 강조하고 있다.

마케팅과 머천다이징

마케팅 〉 머천다이징

Product	=	머천다이징
Price	=	머천다이징
Promotion	≠	머천다이징(일치하지 않는다.)
Place	≒	머천다이징(일부에 한해 일치한다.)

◉ 머천다이징은 마케팅의 일부 영역

5 마케팅 개념(Concept)은 변한다.

생산지향에서 제품지향, 판매지향, 소비자지향, 사회지향으로

1. 시계열에 따른 분류

마케팅 개념이란 기업의 시장(마켓)에 대한 사고, 접근방식을 말한다. 마케팅 개념은 시대와 함께 변천해왔다. 시계열로 나타내면 다음과 같이 생산지향, 제품지향, 판매지향, 소비자지향, 사회지향 순이 된다.

(1) 생산지향

생산지향이란 '소비자는 구하기 쉽고 적당한 제품을 선호한다(제품의 이용가능성과 낮은 가격).'는 것을 전제로 한 사고방식이다. 시장 규모가 작고 수요가 공급을 웃돌던 시대에는 소비자의 기본욕구(needs)나 필요(Wants, 2차적 욕구)를 크게 염두에 두지 않아도 됐기 때문에 가능했던 마케팅 개념이었다.

(2) 제품지향

제품지향이란 '소비자는 기왕이면 품질이 좋은 제품을 선호'한다는 것을 전제로 한 사고방식이다. 처음부터 물건을 염두에 두고 제품을 만들므로 소비자의 기본욕구를 간과하기 쉽다.

앞의 생산지향과 더불어 '프로덕트 아웃(product out)' 발상(만든 것을 파는 공급자 중심 사고)이라고도 한다. 근시안적 마케팅(marketing myopia)에 빠질 우려가 있으므로 유념해야 한다.

(3) 판매지향

판매지향이란 '판매자가 판매를 촉진하기 위해 크게 노력해야 소비자가 상품을 산다'는 사고방식이다. 생명보험이나 비석처럼 '미탐색품(unsought goods)[7]'에서 볼 수 있는 마케팅 콘셉트이다.

---

7) 'unsought goods' 일본어는 '不求品 / 非探索材(불구품 / 비탐색재)'라고 한다. 일반적으로 구매를 소비자가 알지 못하거나 또 알고 있더라도 일반적으로 구매를 생각하지 않는 제품을 지칭한다. 신제품은 광고 등을 통해 소비자가 그것을 알 때까지는 미탐색품이다.

(4) 소비자지향

소비자지향이란 '소비자의 욕구를 밝혀내어 소비자가 원하는 품질과 가격을 갖춘 제품을 효과적이고 효율적으로 제공하는 일'을 전제로 한 사고방식이다.

생산지향이나 제품지향과는 달리 소비자의 관점에 근거한 마케팅 개념이다. '프로덕트 아웃'이라는 발상에 반대되는 의미로 '마켓 인(market in)' 발상이라고도 한다.

(5) 사회지향

사회지향 마케팅 개념은 기업이 마땅히 실천해야하는 사회적 책임, 즉 사회공헌까지 마케팅의 대상으로 생각하는 것이다.

기업의 메세나 활동[8]과 그에 관한 철학 등이 사회지향 마케팅 개념에 포함된다.

마케팅 개념의 변화

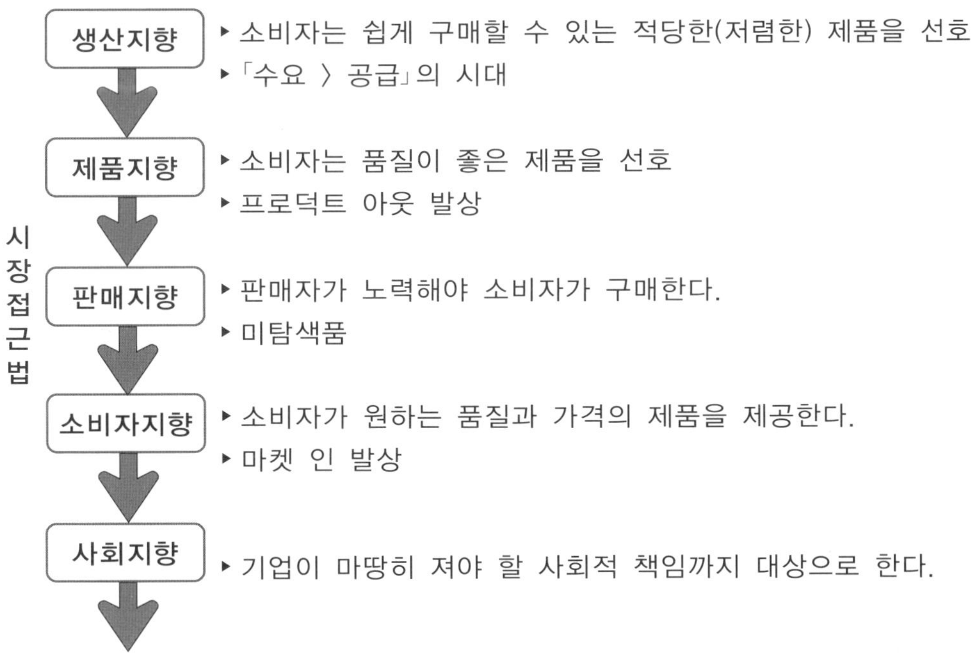

8) 불어로 mecenat, 기업이 문화 활동이나 예술 활동 등을 지원하는 일을 말한다.

6 리스크 머천다이징은 반품불가

상품의 매입방법에는 직매입, 위탁매입, 특정매입[9]이 있다.

1. 매입에서 판매까지 완결

리스크 머천다이징(risk merchandising)이란 소매업체가 자기 책임 하에 상품을 매입하고 판매까지 완결 짓는 머천다이징 정책이다. 다시 말하면, 소매업체가 도매업체나 제조업체에 상품을 반품하지 않고 전체를 사들이는 것을 전제로 한 머천다이징 정책이다.

'리스크'란 단어는 스스로 위험을 부담한다는 뜻으로 해석해도 좋을 것이다. 리스크 머천다이징은 주로 대형 소매업체가 사용하는 머천다이징 용어이다.

리스크 머천다이징은 위탁매입이나 특정매입에 상반되는 개념이다. 지금껏 백화점 업계에서는 위탁매입, 특정매입 방식이 주를 이뤘고 리스크 머천다이징을 실시하지 않았으나 최근 들어 이 말을 사용하게 되었다.

리스크 머천다이징을 일본에서는 '자주(自主) 머천다이징'이라고 하는데, 이는 일본식 상업관행에서 파생된 일본 유통업계 특유의 표현이다. 그렇다면, 리스크 머천다이징을 도입하게 된 배경을 살펴보자.

2. 리스크 머천다이징의 배경

소매업이 제조업, 도매업에서 상품을 매입하는 방법에는 ① 직매입, ② 위탁매입, ③ 특정매입이 있다.

소매업에게 가장 위험이 적은 매입방법은 특정매입, 그리고 위탁매입 순이다. 반면에 소매업에게 위험이 가장 큰 매입방법은 직매입이다. '위험할수록 대가도 크다(no risk, no return)'라는 말에서 알 수 있듯이 위험이 적다고 다 좋은 것은 아니다. 또, 위험이 적은 반면 단점도 많다.

---

9) 일본어는 '消化仕入'이다.

소매업의 매입 방식

직접매입

상품 인도와 동시에 소유권이 판매자에서 구매자로 이전한다.

- 기본적으로 반품은 발생하지 않는다.
- 구매자에게 재고부담이 생긴다.

위탁매입

상품을 인도해도 소유권은 판매자에서 구매자로 이전되지 않으며, 구매자에게는 보관책임만 있다.

- 구매자의 위험은 적다.
- 반품이 발생한다.

특정매입

상품을 인도해도 소유권, 보관책임은 판매자에서 구매자로 이전되지 않으며, 판매된 상품만 매입에 올린다. 매상매입이라고도 한다.

- 구매자의 위험은 적다.
- 반품이 발생한다.

3. 반품의 장단점

반품이란 구매자(매입처)가 판매자(납품처)로부터 매입한 상품을 특정한 이유로 판매자에게 돌려주는 일을 말한다. 반품은 매입처에게는 위험이 적다는 장점이 있지만, 납품처에게는 위험이 따른다는 큰 단점이 있다.

왜 반품이 발생하는 걸까? 반품의 이유를 매입처, 납품처별로 분류하면 31쪽 그림과 같다.

'판매재고', '발주 실수', '수요예측 실수' 등 매입처의 일방적인 이유로 인한 반품은 납품처와는 아무런 상관이 없으며 사실 있어서도 안 된다. 그러나 실제 상거래에서는 매입처와 납품처라는 역학관계에 따라 매입처가 납품처에게 반품을 강요할 때가 있다.

매입처, 납품처 별로 반품의 장단점을 정리하면 31쪽 표와 같다.

표에서도 알 수 있듯이 매입처, 납품처에게 반품은 장점보다는 단점이 더 많다. 매입처의 일방적인 이유로 인한 강제적인 반품은 매입처와 납품처 모두에게 단점이 많다는 점을 염두에 두고, 반품을 줄이기 위해 더욱 노력해야 한다.

4. PB상품의 개발

리스크 머천다이징의 한 가지 방법으로 소매업이 주도하는 PB(Private Brand)상품 개발이 있다. PB상품은 NB(National Brand)상품이라는 말과 대조적으로 사용된다.

NB(National Brand)상품이 제조업 주도로 개발되었다면 PB상품은 소매업(또는 도매업)이 독자적으로 상품 사양을 개발하고 제조업에게 생산을 위탁하는 방식이다. (Part 3-8 참조)

매입처, 납품처별 반품이유

매입처의 독자적인 반품이유

① 판매재고
② 발주 실수
③ 수요예측 실수
④ 취급 중 파손
⑤ 품질 저하, 선도 지남.

납품처에 의존하는 반품이유

① 납품 실수
② 결함 상품
③ 배송시 파손
④ 강제 판매
⑤ 계획적 진부화[10]

매입처, 납품처별 반품의 장단점

(MD: 머천다이징)

구분	장점	단점
매입처	• 과잉재고의 위험 경감 • 재고관리 비용 절감	• 머천다이징력 약체화 • 판매원의 의식 저하 • 발주의 정밀도가 높아지지 않는다. • 반품비용 증가
납품처	• 매입처와의 관계 강화	• 거래 매너리즘에 빠짐 • 매출 불안정 • 반품비용 증가 • 사원의 사기 저하

10) planned obsolescence, 신제품에 대한 소비자의 구매욕구를 고취시키기 위해 이전 제품을 구식으로 느끼게 하는 마케팅 기법 중 하나로 시간적 진부화, 기능적 진부화, 심리적 진부화로 나눌 수 있다.

7 팀 머천다이징은 제판(製販)동맹

기업이 팀을 꾸려서 새로운 상품을 공동개발하고 판매한다.

1. 소매업이 주도하는 전략적 제휴

팀 머천다이징이란 제조, 유통, 판매에 관련된 각 기업이 한 팀을 꾸리고 각기 보유하고 있는 정보와 기술을 공유하고, 공동으로 새로운 상품을 개발하는 일을 말한다. 팀 머천다이징은 소매업이 주도하는 전략적 제휴(제판동맹, producer-retailer alliance)의 한 형태로 본다.

일반적으로 팀 머천다이징을 결성하는 경우, 소매업은 단독으로 참가하는 반면에 제조업은 복수로 참가한다. 제조업체는 전문영역이 나뉘어 있으므로 다수의 회사가 노하우를 공유하여 집약하면 장점이 더욱 커지기 때문이다.

팀 머천다이징은 최종 소비자를 직접 대하는 소매업체가 소비자 관련 정보를 많이 갖고 있으므로 여기에 여러 제조업체의 기술을 조합하여 소비자의 기본욕구에 맞춘 상품을 공동개발, 판매하자는 것이다. 이러한 경향은 제조는 만드는 사람, 도·소매업은 파는 사람이라는 역할분담 구도가 크게 변하고 있음을 말해준다. 팀 머천다이징은 조직론의 관점에서 봤을 때 제조, 배송, 판매의 삼층 구조를 수평으로 연결한 일종의 프로젝트 팀이라고도 할 수 있다. 의류업계에서는 이미 도입하여 실시중이다.

2. 팀 머천다이징의 목적

기존의 유통경로[11] 측면에서 봤을 때, 상품을 개발하는 주체는 사용자인 소비자로부터 가장 멀리 있는 제조업체였다. 그러나 유통채널이라는 흐름에서 살펴보면, 소비자와 접촉하는 소매업이 상품 개발에 직접 참가하는 일이야말로 소비자의 기본욕구를 반영한 상품을 개발할 수 있을 것이라는 가설이 팀 머천다이징의 동기가 되었다.

소비자를 지향하는 측면에서 제품을 개발하자는 콘셉트를 조직적으로 접근하는 것이 팀 머천다이징이다. 그런 점에서 팀 머천다이징은 유통경로 단축의 한 방법이라고 하겠다.

---

11) 상품이 최초생산자로부터 최종수요자에게 이르기까지 거치게 되는 과정.

3. 팀 머천다이징의 장점

팀 머천다이징은 소매업뿐 아니라 상품의 공급을 담당하는 제조업, 도매업에게도 장점이 있다. 팀 머천다이징의 장점을 제조업, 도매업, 소매업이라는 제배판(製配販)[12] 삼층 구조로 비교하면 아래의 그림과 같다.

팀 머천다이징의 장점

제조업

- 소비자의 기본욕구나 유행의 변화를 신속하게 파악할 수 있다.
- 품절에 따른 기회손실을 줄일 수 있다.
- 반품비용을 절감할 수 있다.
- 신속한 납품이 가능해진다.
- 튼튼한 판매채널을 구축할 수 있다.
- 소매업과의 포괄적 전략제휴로 발전할 가능성이 높다.

도매업

- 품절로 인한 기회손실을 줄일 수 있다.
- 소비자의 기본 욕구를 파악할 수 있다.
- 물류비용을 절감할 수 있다.
- 반품비용을 절감할 수 있다.
- 신속한 납품이 가능해진다.
- 제조업, 소매업의 정보를 얻는다.

소매업

- 소비자의 기본욕구에 맞춘 상품을 개발하여 판매할 수 있다.
- 품절로 인한 기회손실을 줄일 수 있다.
- 발주비용을 절감할 수 있다.

12) '제조(製造), 배송(配送), 판매(販賣)'의 머리글자를 딴 것이다.

4. 팀 머천다이징의 사례

팀 머천다이징의 구체적인 사례로는 세븐일레븐의 아이스크림 개발이 있다. 아이스크림은 편의점의 여름철 대표상품이었다. 그런데 POS(Point-of-Sale) 데이터를 분석해보니 겨울철에도 팔리는 아이템이었던 것이다.

세븐일레븐의 머천다이저는 아이스크림을 사계절상품으로 만들겠다는 가설을 세우고 제조업체 두 곳과 스터디 모임이라는 형식으로 팀 머천다이징을 출발시켰다. 스터디 모임을 통해 개발된 '거봉(巨峰)' 브랜드가 크게 히트하자, 추가로 제조업체 세 곳을 참가시켜 팀 머천다이징을 강화했다.

지금까지 예측생산[13]을 하던 아이스크림은 계획생산으로 바뀌게 되었다. 또한 품절로 인한 손실이 줄었으며 대형 아이스크림 전용 보관설비도 도입했고, 아이스크림 매출도 배가되었다. 세븐일레븐 주도로 이루어진 팀 머천다이징은 다음의 단계를 밟았다.

① POS 데이터 등 분석

② 가설 설정

③ 국내외 제조사, 도매업자, 물류업자의 전문기술 집약

④ 신상품 개발

⑤ 생산 라인 계획 및 확보

⑥ 테스트 마케팅[14]

⑦ 본격 시판

---

13) 기업이 시장에서의 상품수요를 예측하고 생산하는 것을 말한다.

14) 제품을 개발한 다음 소비자의 반응을 보기 위해 특정 지역을 선별하여 시험적으로 판매하는 일이다.

세븐일레븐의 팀 머천다이징

국내외 제조사와 거래처, 물류업체 등이 벽을 허물고 한 팀을 이루어 정보를 공유하며 고유 상품을 개발하고 있다.

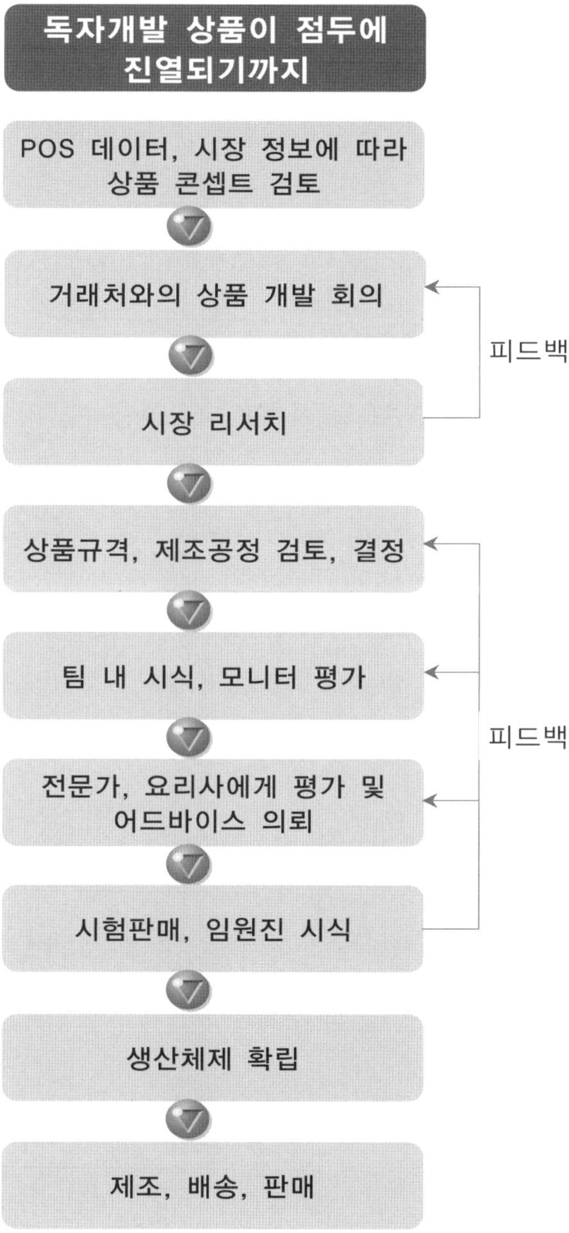

출처: 《세븐일레븐의 진면목 2007(セブン・イレブンの横顔2007)》 세븐일레븐 재편

8 글로벌 머천다이징

최적의 상품을 최적의 생산지에서 글로벌하게 매입한다.

1. 보급의 배경

글로벌 머천다이징이란 상품의 매입처를 국내에 한정짓지 않고 세계를 대상으로 네트워크를 확장하여 최적의 상품을, 최적의 생산지에서, 글로벌하게 매입하는 방식을 말한다. 세계적인 안목, 전세계적 규모로 상품을 개발하고 최상의 상품을 들여오는 것이다. 미국의 한 대형 소매업체가 세계적인 규모의 네트워크를 구축하여 상품을 매입한 것을 글로벌 머천다이징의 시작으로 본다.

세계로 눈을 돌려 최상의 제품을 최적의 지역에서 사들이자는 것이 글로벌 머천다이징의 목적이다. 글로벌 머천다이징이 보급된 배경을 살펴보면 다음과 같다.

(1) 정보 네트워크의 발전

정보기술을 기반으로 하는 네트워크 기술, 특히 인터넷은 하루가 다르게 보급되고 있으며 세상 어느 곳에 있든지 세상에 존재하는 모든 상품의 정보를 손에 넣을 수 있다. 조직적이고 전략적으로 상품정보를 수집하여 분석한 다음 네트워크를 활용하여 원하는 상품을 매입할 수 있다. 정보 네트워크의 발전이 글로벌 머천다이징을 한 걸음 나아가게 하는 견인차 역할을 했다.

(2) 해외여행자 증가

일본의 연간 해외여행자가 천육백만 명을 넘어섰으며 그 숫자는 나날이 증가하고 있다. 그 결과 각국의 생산품을 직접 접할 기회도 늘었다.

해외 라이프스타일에 영향을 받은 소비자가 해외에서 구매한 상품을 재구매할 가능성이 높아졌다.

(3) 소비자 기본욕구의 다양화, 고도화

소비자의 기본욕구가 점차 다양화되고 고도화됨에 따라 상품의 종류와 아이템은 증가일로를 달리고 있다. 그 결과 최상의 상품을 합리적인 가격으로 손에 넣기 위해 국내뿐 아니라 해외로도 눈을 돌리고 있다.

(4) 소매업의 동질화 경쟁 확대

대형 소매업을 중심으로 동질화가 진행 중이다. 동질화 경쟁을 하다보면 필연적으로 이질적인 상품을 찾게 된다. 따라서 소매업체들은 이질적인 상품을 찾아 국내뿐 아니라 해외로도 눈을 돌리고 있다. 결국 정보력만이 소매업의 동질화 경쟁에서 벗어나는 탈출구이다.

2. 도입 단계

글로벌 머천다이징을 도입할 때는 다음의 여섯 단계를 거친다.

① 해외 생산지와 제조업체를 찾아 실제로 방문한다.

② 최적의 생산지를 발견한다.

③ 최적의 생산자 및 제조업체를 선정한다.

④ 생산자 및 제조업체를 조직한다.

⑤ 기술력 및 개발력, 물류체제 등을 확립한다.

⑥ 소비자의 기본욕구에 꼼꼼하게 대응한다.

세계 각지에서 상품을 매입한다.

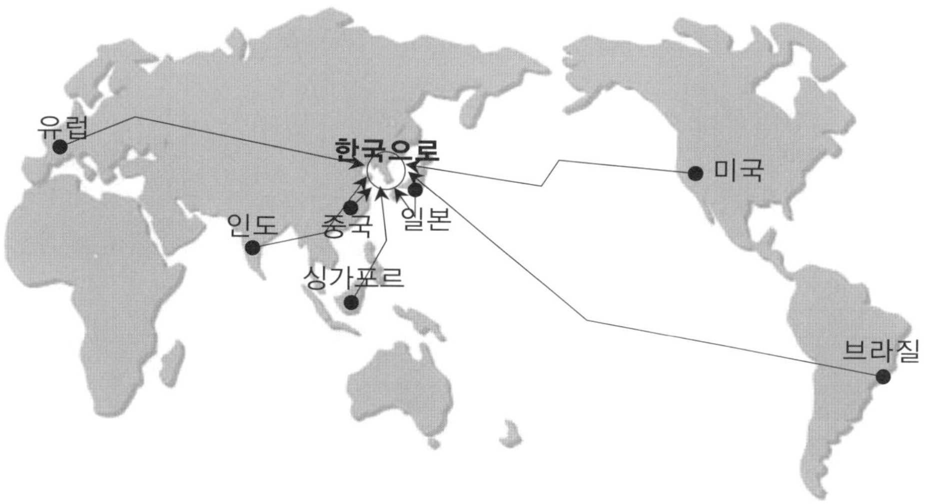

9 크로스 머천다이징으로 연관 진열

팔릴 것 같은 관련 상품을 가까이에 진열하여 연관구매를 촉진한다.

1. 구매수량 증대가 목적

크로스 머천다이징(cross merchandising)은 연관진열을 말한다. 점포의 매출을 확대하기 위해 소비자가 함께 구매할 것 같은 상품을 가까이에 진열하여 동시구매를 노리는 것이다. 식품, 일용잡화업계에서는 크로스 머천다이징이라고 부르지만, 의류업계에서는 코디네이트 진열[15]이라고 한다.

크로스 머천다이징은 하나라도 더 많이 팔려는 목적으로 상품을 진열할 때 어떤 조합으로 구성할 것인지를 먼저 고려하는 판매촉진의 한 방법이다. 일반적으로 소매업의 매출은 다음의 공식으로 표현한다.

매출액 = 고객수 × 객단가

또한 고객수와 객단가는 다음의 공식으로 표현한다.

고객수 = 입점고객수 × 구매율

객단가 = 구매수량 × 단품당 평균 단가

크로스 머천다이징은 이와 같은 공식 중 후자의 구매수량 증대를 목적으로 한 대책이다.

2. 크로스 머천다이징의 사례

크로스 머천다이징의 구체적인 사례로는 세계 최대 규모를 자랑하는 소매업체인 월마트(Wall Mart)를 들 수 있다. 월마트 지점 중 한 곳의 POS 데이터를 분석해보니 금요일 저녁에는 종이 기저귀와 맥주가 함께 팔린다는 것을 알아냈다.

내용인즉슨 이러했다. 아내에게 아이의 종이 기저귀를 사다달라는 부탁을 받은 30대 남성이 마트에 들러서 자신이 마실 맥주도 함께 사갔던 것이다. 맥주와 종이 기저귀의 조합은 POS 데이터를 분석하지 않았다면 결코 떠오르지 않았을 것이다. 반면에 세탁용 세제와 다림질 풀, 고기와 불고기 양념장, 딸기와 연유 등 흔히 떠올릴 수 있

15) 점포에 있는 옷과 액세서리를 마네킹에 입히거나 벽면에 장식하여 진열한 것으로 소비자에게 상품의 선택을 쉽게 하는 방법을 말한다.

는 조합도 있다.

백화점의 신사복 코너를 둘러보면 와이셔츠와 넥타이를 세트로 진열한 것을 볼 수 있다. 이 역시도 크로스 머천다이징(코디네이트 진열)의 한 방법이다.

크로스 머천다이징의 장단점

장점	단점
• 연관구매를 기대할 수 있다. • 계절별 판매가 가능하다. • 구매수량이 증가한다. • 라이프스타일 제안이 가능하다.	• 동일 상품이 다른 매장에 진열된다. • 상품관리가 복잡해진다. • POS 정보를 항상 확인해야 한다.

편의점 매장 사례(크로스 MD)

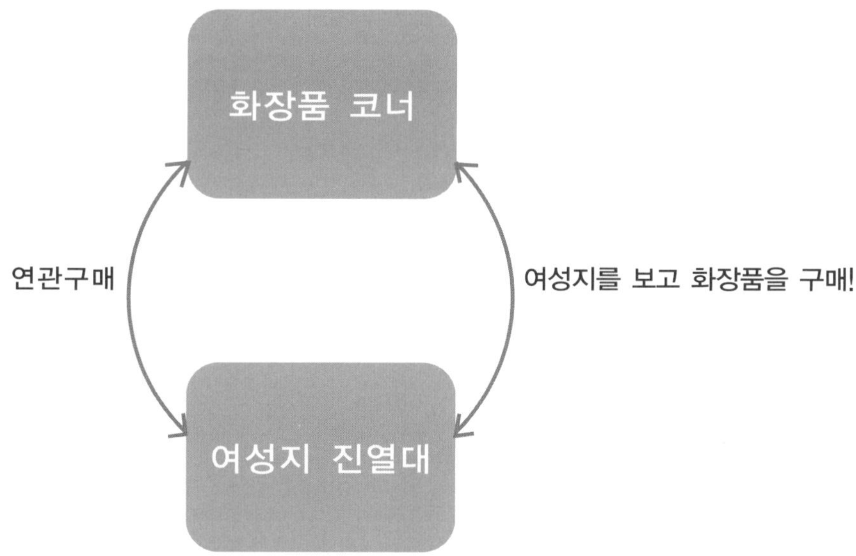

3. 크로스 머천다이징의 장단점

크로스 머천다이징에도 장단점이 있다. 자세한 내용은 41쪽 표와 같다.

크로스 머천다이징 기법을 도입할 때는 부정적인 측면에 유의하면서 긍정적인 면을 강화시켜야 한다.

4. 크로스 머천다이징과 잘 맞는 상품과 맞지 않는 상품

크로스 머천다이징은 함께 구매할 확률이 높은 상품이나 추가로 구매할 확률이 높은 상품을 함께 진열하여 객단가를 향상시키려는 기법이다. 따라서 함께 구매할 확률이 높은 상품인지, 추가로 구매할 확률이 높은 상품인지를 가늠해내는 능력이 중요하다.

일반적으로 충동구매하게 되는 신상품이나 사재기를 하지 않는 상품의 경우는 크로스 머천다이징에 잘 맞다. 반면에 용량이 큰 상품이나 사재기를 할 확률이 높은 상품은 크로스 머천다이징에 맞지 않는다고 한다.

5. 크로스 머천다이징의 도입 단계

크로스 머천다이징 도입 순서는 다음과 같다.

① POS 데이터로 아이템 간 상관관계를 분석한다.

② 가설을 세운다.

③ 매장의 배치, 진열을 변경한다.

④ 판매한다.

⑤ POS 데이터로 가설을 검증한다.

↓

③ 으로 돌아간다.

크로스 머천다이징의 도입 단계

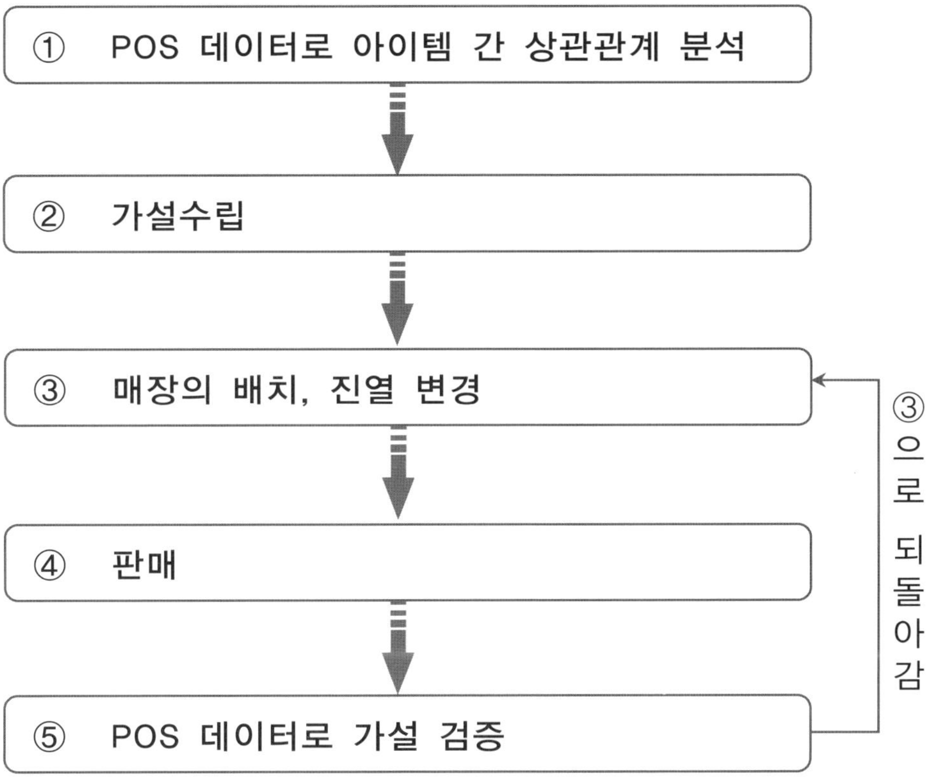

10 스크램블드 머천다이징

소비자의 관점에서 상품을 분류하고 구색을 검토하여 재구성한다.

1. 매장 전체의 상품분류를 재검토

스크램블드 머천다이징(scrambled merchandising)이란 기존의 상품분류에서 벗어나 소비자의 관점에서 상품을 다시 분류하는 일을 말한다. 지금까지 소매업은 기존의 제조업체별, 품목별 상품분류를 채택했다. 그러나 제조업체별, 품목별 분류가 소비자가 쇼핑하기 쉬운 상품분류, 매장구성이라고는 할 수 없다. 소비자의 입장에서 상품을 분류하고 구색을 재검토하는 일을 스크램블드 머천다이징이라고 한다.

크로스 머천다이징이 상품을 매장의 서브 카테고리나 단품별 조합으로 재구성했다면 스크램블드 머천다이징은 매장 전체, 전 점포를 대상으로 상품분류를 재검토한다. 이것이 크로스 머천다이징과 다른 점이다.

스크램블드 머천다이징에 따른 매장 구성 포인트를 짚어보면 다음과 같다.

- 소비자 입장에서 본 상품구색
- 유행에 맞춘 상품구색
- 용도별 상품구색
- 연관된 상품으로 구색
- 충동구매를 유도하는 상품구색

2. 도입 배경

스크램블드 머천다이징은 소비자의 입장에서 상품을 재분류하려는 시도이다. 이는 나날이 다양화되고 개성화되는 소비자의 기본욕구에 발맞추기 위함이다.

소비자의 기본욕구가 다양화되고 개성화되면서 기존의 제조업체별, 품목별로 획일화된 상품분류에 불만을 토로하는 소비자가 늘어났다. 획일화된 상품분류가 불만스러운 소비자들이 바라는 매장, 즉 소비자 지향적인 매장을 꾸미려는 시도가 스크램블드 머천다이징이다.

스크램블드 머천다이징 도입효과를 소비자와 소매업으로 분류하면 43쪽 그림과 같다.

스크램블드 머천다이징 도입 효과

소비자

- 매장에서 쇼핑하기가 쉽다.
- 상품의 용도를 떠올리기 쉽다.
- 원 스톱 쇼핑(One-stop Shoping)이 가능하다.
- 매장을 여기저기 돌아다니지 않아도 된다.
- 점원에게 사용법을 묻기가 쉽다.

소매업

- 매출이 증가한다.
- 객단가 향상으로 이어진다.
- 매장에 활기가 넘친다.
- 점원의 접객기술이 향상된다.
- 경쟁점과의 차별화를 꾀할 수 있다.

3. 라인로빙이란?

라인로빙(line robbing)은 특정 카테고리만으로 상품을 구색함으로써 매장을 특화하고 타점과의 차별화를 도모하여 경쟁력을 높이려는 상품전략이다. 라인(line)이란 상품군을 가리키고 로빙(robbing)은 훔친다는 뜻의 영어 단어이다.

라인로빙은 특정 카테고리 상품만으로 매장을 구성하여 전문성을 높여서 해당 카테고리에 한해서는 어느 경쟁업체에도 뒤지지 않는 상품군을 갖춘다. 체인 확장을 노리는 슈퍼마켓과 같은 업체라면 매력적인 매장을 만드는 데 반드시 고려해야할 상품전략이다.

4. 스크램블드 머천다이징 사례

스크램블드 머천다이징은 주로 편의점이나 홈센터(home center), 드럭스토어 등에서 도입한다.

편의점은 '편리성'이라는 슬로건 하에 상품을 재구성한 소매업태이다. 홈센터는 DIY(do-it-yourself) 상품과 원예용품을 중심으로 상품을 갖춘 소매업태이다. 드럭스토어는 '헬스 & 뷰티'를 콘셉트로 상품군을 재구성한 소매업태라 하겠다. 이 소매업태들은 기존의 제조업체가 주도한 품목별 분류가 아니라 소비자의 입장에서 상품을 분류하고 매장을 꾸며서 소비자에게 환영받았다.

스크램블드 머천다이징을 도입하여 성공한 사례로는 토이저러스(toysRus)가 있다. 단순히 완구(장난감) 할인점에서 그치지 않고 어린이용품 종합 할인점으로 상품군을 재구성하여 아이템을 구색한 것이 적중했던 것이다. 토이저러스처럼 한 상품의 카테고리에 중점을 둬서 압도적인 구성을 갖추고 저렴하게 판매하는 소매업태를 카테고리 킬러(category killer)라고 한다.

스크램블드 머천다이징을 실시 중인 스포츠점 사례

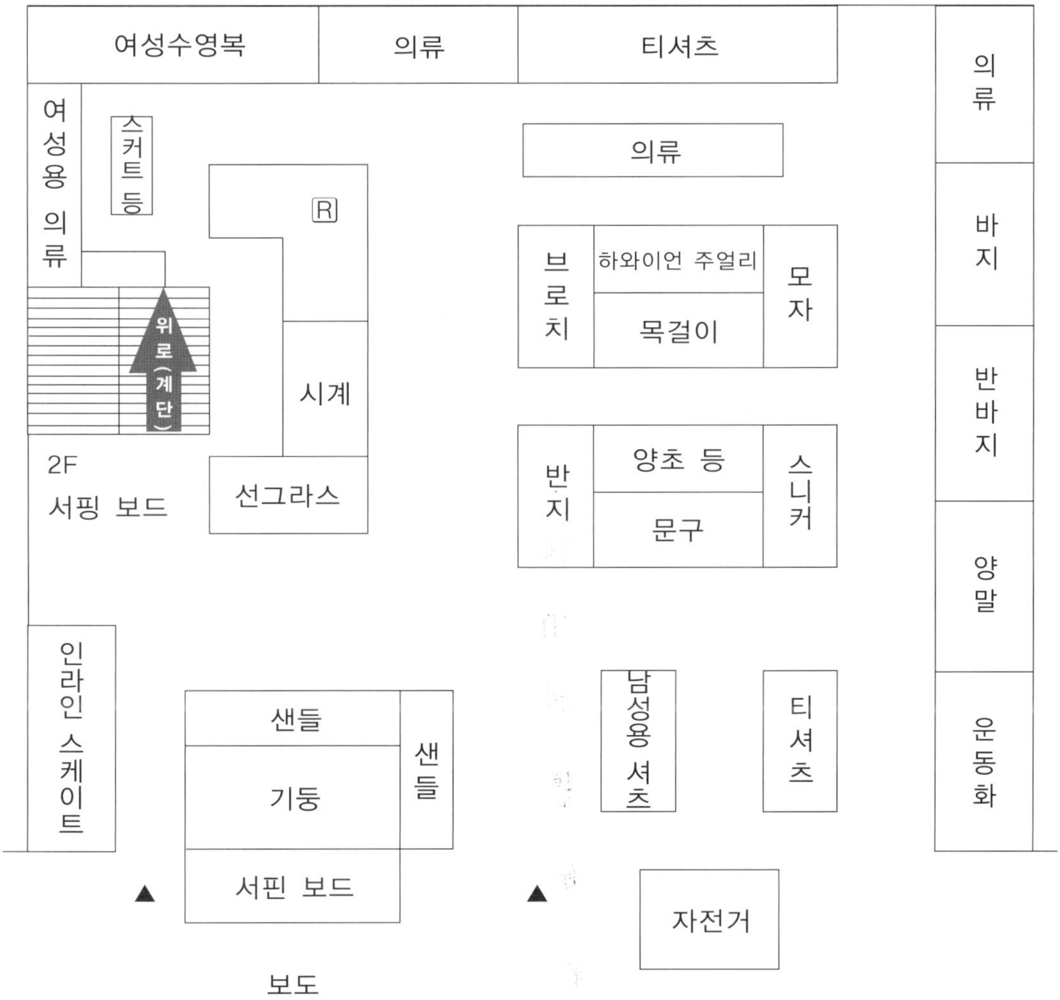

◉ 업계를 초월한 상품 구색을 갖추고 있다.

◉ 통일된 콘셉트(열대 섬에서 느긋하게 시간을 보내고 싶은 분위기)

◉ 열대 섬을 이미지한 인테리어와 배경음악에 신경 쓴다.

◉ 라이프스타일을 전면에 내세워서 스포츠용품, 보석 및 액세서리, 시계 등의 상품군을 갖춘 점포

출처: 《2008년판 점포 · 판매관리 퀵 마스터(2008年版店舗 · 販売管理クイックマスター)》 기노시타 야스시 저. (同友館)

11 날씨에 주목하라! 날씨(Weather) 머천다이징

기후와 기온 등 기상정보를 재빠르게 상품구색에 적용한다.

1. 기후와 매출의 관계를 수치로 파악한다.

날씨(Weather) 머천다이징이란 기후와 기온 등의 기상정보를 상품구색에 활용한 마케팅 전략을 가리킨다. 편의점이나 슈퍼마켓을 시작으로 날씨나 기온 변화에 따라 매출과 내점객수에 차이가 있는 소매점은 특히 날씨(Weather) 머천다이징에 주목해야 한다.

날씨(Weather) 머천다이징이라는 용어가 유통업계에서 사용된 것은 최근의 일로 10년 전부터이다. 사실 장사와 날씨의 관계는 오래전부터 언급되었다. 예컨대 '비가 오면 고객이 오지 않는다.'거나 '기온이 내려가면 맥주가 안 팔린다.'처럼 매우 감각적이고 대략적인 표현으로 대신했다.

물론 감각도 중요하다. 그러나 날씨(Weather) 머천다이징은 감각이 아니라 날씨와 매출의 관계를 정보와 수치로 파악했다는 점이 기존의 사고방식과 다르다.

일례로, 한 대형 편의점은 기온이 25℃를 넘기면 아이스크림이 잘 팔리고, 28℃를 넘기면 하드와 같은 빙과류가 날개 돋친 듯이 팔린다는 것을 알아냈다. 이밖에 맥주나 냉면류 등도 기온과 판매실적의 상관관계가 높은 상품이다. 비가 오는 날에는 쌀이나 청주 대병은 잘 안 팔리는 등, 날씨와 상관관계가 높은 상품을 쉽게 찾아볼 수 있다.

날씨(Weather) 머천다이징으로 판매실적을 꼼꼼히 확인한다.

예: 아이스크림 예전에는 여름용 상품의 대표주자
어묵 예전에는 겨울용 상품의 대표주자

도시락, 반찬류 등이 해당되며,
-20℃에서 관리해야 한다.

『도시락류 공동배송』

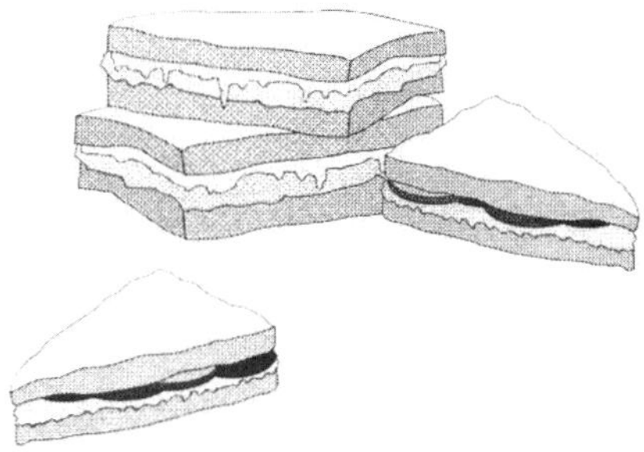

조리빵 등이 해당하며, 5℃에서 관리해야 한다.

『저온보관 냉장배송』

아이스크림 등이 해당되며,
-20℃에서 관리해야 한다.

『냉동식품 공동배송』

소프트드링크 등이 해당된다.

『상온 일괄배송』

2. 도입배경

날씨(Weather) 머천다이징은 기회손실을 절감하려는 차원에서 도입되었다. 소매업에서 가장 중요한 일 중 하나는 손실(Loss)을 어떻게 줄이는가에 있다. 손실 중에서도 기회손실(품절, 결품)을 줄이면 매출은 반드시 늘어난다.

POS 시스템 보급으로 누가, 언제, 무엇을, 몇 개나 샀는지 등의 상세한 데이터를 얻을 수 있게 됐다. 그러나 점포에서 가장 필요로 하는 정보는 소비자의 구매이유다. 왜 사는지, 거꾸로 왜 안 사는지를 알면 장사하기가 더욱 쉬워지기 때문이다.

그래서 구매이유와 매출이라는 관계를 분석하는 기법 중 하나로 날씨(Weather) 머천다이징이 주목받게 되었다. 매출과 날씨나 기온 등 기상조건과 상관관계가 있을 것이라는 가설에서 날씨(Weather) 머천다이징이 시작되었다.

3. 날씨(Weather) 머천다이징의 사례

날씨(Weather) 머천다이징을 전 계열사에 전국적으로 가장 먼저 도입한 소매업체가 바로 세븐일레븐이다. 세븐일레븐은 기온이 몇 도가 되면 무엇이 팔리느냐는 기상조건과 상품의 상관관계뿐 아니라 소비자역시 감정이 있는 한 인간이라는 측면도 중시했다.

앞에서 기온이 25℃가 되면 아이스크림이 잘 팔린다고 했는데, 사실 기온 25℃는 온도계로 측정한 절대치이다. 25℃를 덥다고 느낄지, 선선하다고 느낄지, 춥다고 느낄지는 사람에 따라, 상황에 따라 당연히 다르다. 4월에 25℃라는 기온은 후덥지근하게 느껴질 것이며, 8월의 25℃는 거꾸로 선선하게 느껴질지도 모른다.

사람이 피부로 느끼는 온도를 절대온도라는 말과 비교하여 체감온도라고 한다. 날씨(Weather) 머천다이징은 절대온도뿐 아니라 체감온도도 고려해야만 한다. 여름에도 어묵이 팔리고 겨울에도 아이스크림이 팔리는 것은 모두 체감온도 때문이다.

날씨(Weather) 머천다이징의 도입 이유

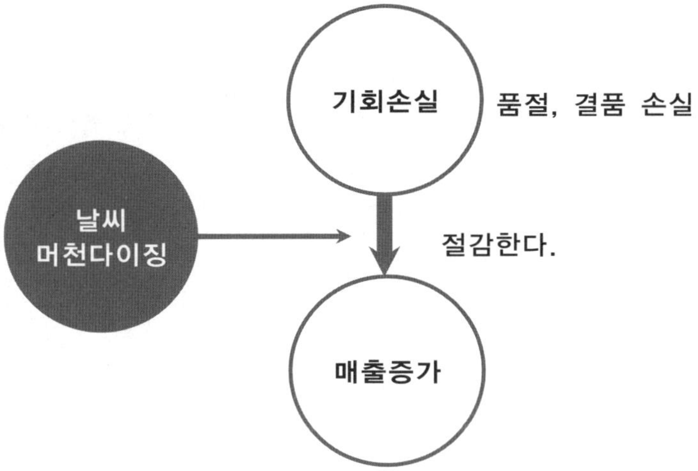

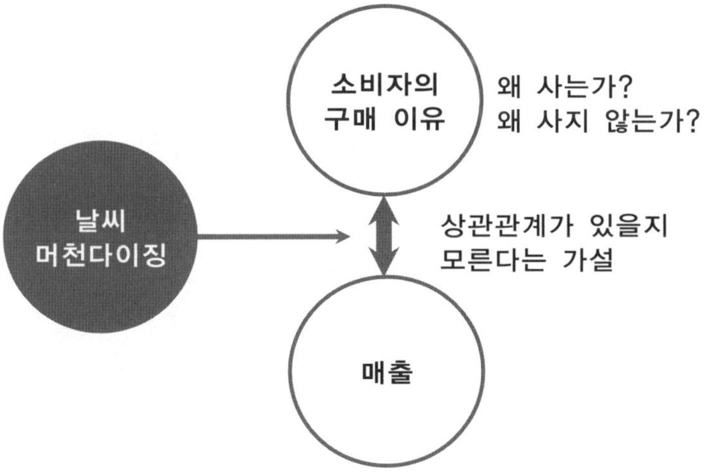

PART 2

잘 팔려면 상품구색을 어떻게 갖춰야 할까?

소비자의 관점에서 이익공헌도를 향상시킨다.

1. 상품분류에 따라 매장이 결정된다.
2. 상품 판매가격과 원가의 차이
3. 상품부문은 전사이익에 어떻게 공헌하는가?
4. 매입·발주는 어떻게 실시하는가?
5. 상품의 발주 정확도를 향상시킨다.
6. 성장기 상품과 쇠퇴기 상품을 가려낸다.
7. 폐기손실과 품절손실을 줄인다.
8. 선도관리는 매출에 좋은 영향을 준다.

1 상품분류에 따라 매장이 결정된다.

매장을 기준으로 큰 것(大)부터 작은 것(小)의 여섯 가지로 상품을 분류한다.

1. 전통적인 상품분류

상품을 어떻게 분류할 것인가? 머천다이징 정책을 세울 때 가장 중요한 과제이다. 왜냐하면 상품분류에 따라 매장이 결정되고 매출까지 좌우되기 때문이다. 상품 분류 방법은 다양하다. 기존에는 상품의 제조자나 판매자 측의 생각대로 상품을 분류했다. 그러나 앞으로는 소비자의 눈높이에 맞춰 상품을 분류해야 할 것이다.

(1) 제품과 상품

제품과 상품의 차이는 엄격히 정의되지 않았다. 일반적으로 제품은 제조업체에서 생산되어 도·소매업체로 출하될 때까지의 과정에서 사용되는 말이다. 이에 반해 상품은 유통단계 즉 도·소매업, 소비의 단계에서 사용되는 말이다.

(2) 생산재와 소비재

생산재란 제조업체가 신제품을 개발하기 위해 사용하는 재화(조직과 조직간에 거래되는 재화)를 일컫는다. 산업재라고도 한다. 반면에 소비재는 소비자가 생활하기 위해 사용하는 재화를 말한다. 같은 제품(상품)이라도 용도에 따라 생산재가 되기도 하고 소비재가 되기도 한다.

(3) 편의품, 선매품, 전문품

미국 출신 경제학자 M. T. 코플랜드(Copeland)는 소비자의 구매습관 차이에 따라 소비재를 다음의 세 가지로 분류했다.

· 편의품(convenience goods) = 집 근처에 있는 점포에서 구매하는 식료품, 일용잡화 등. 일반적으로 선매품이나 전문품에 비해 매출총이익율은 낮지만 상품회전율은 높다.

· 선매품(shopping goods) = 여러 점포를 돌아다니며 구매를 결정하는 상품. 양복, 구두 등. 일반적으로 편의품에 비해 매출총이익율은 높으나 상품회전율은 낮다.

· 전문품(specialty goods) = 자동차나 주택 등 평생 동안 구매하는 횟수가 적은 고가품. 세 분류 중에서 매출총이익율은 가장 높은 반면에 상품회전율은 가장 낮다.

상품분류

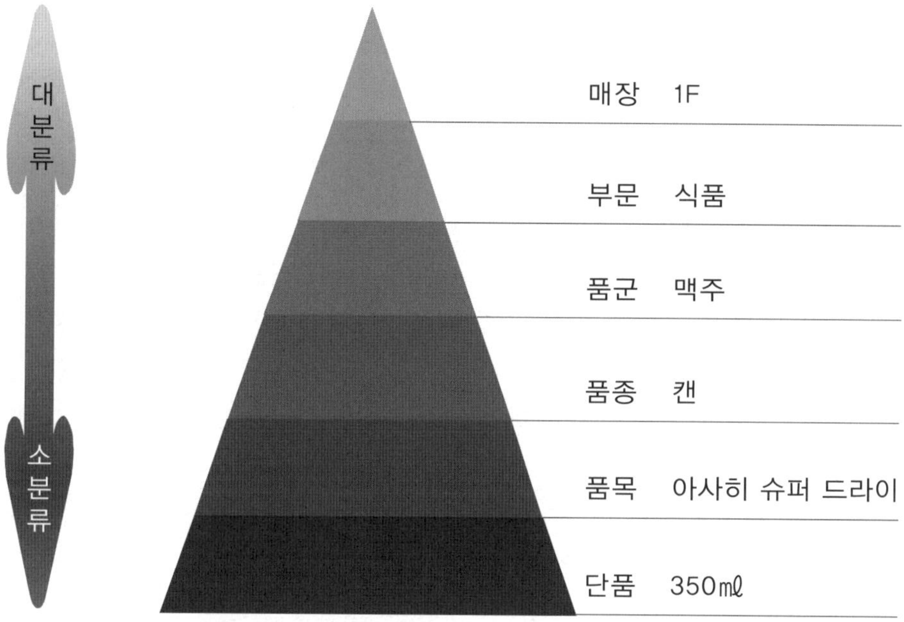

◉ 소비자가 쇼핑하기 쉬운 분류를!

2. 신상품의 분류

한편, 매장을 기준으로 상품을 분류하면 다음의 여섯 가지로 나눌 수 있다. 대분류에서 소분류의 크기순으로 나타내면, 매장, 부문, 품군, 품종, 품목, 단품 순서가 된다.

슈퍼마켓의 맥주 매장을 떠올려보자. 1층 식품 매장, 주류부문, 맥주(품군), 캔(품종), 아사히 슈퍼 드라이(품목), 아사히 슈퍼 드라이 350㎖ 캔(단품)의 순서로 분류한다. 상품을 분류하는 데 정형화된 규칙이 없다보니 상품 분류만 봐도 해당 소매업의 상품 전략이 확연히 드러나기 마련이다. 상품을 분류할 때 반드시 짚어야할 점을 살펴보면 다음과 같다.

① 고객의 입장에서 봤을 때 편리할 것(어디까지나 사용상황)

② 고객이 고르는 데 편리할 것(기능면에서 선택할 수 있다)

③ 고객이 사용하는 데 편리할 것(필요기능 추구)

2 상품 판매가격과 원가의 차이

매입한 상품을 최적의 판매가격으로 설정하려면?

1. 마진이란?

마진(중간이윤)은 상품의 판매가격과 원가의 차액을 말한다. 매출총이익과 비슷한 개념이지만, 엄밀히 말하면 조금 다르다. 마진을 마크업(mark up, 혹은 마크 온(mark on))이라고도 하는데, 매입한 상품의 판매가격을 얼마로 설정하느냐, 즉 가격결정을 의미한다.

마크업 방식(원가가산방식)은 제조업체가 사용하는 코스트플러스 방식과 함께, 비용(매입원가) 지향형 가격결정법의 대표적인 방식이다.

한번 결정한 판매가를 내리는 것을 가격인하(마크다운)라고 한다. 가격인하는 당초 매입한 상품이 전부 소진되지 않았을 때 실시한다.

2. 마진율이란?

마진을 비율로 환산한 값을 마진율이라고 한다.

마진율에는 다음의 두 종류가 있다.

① 매가마진율

마진을 판매가격으로 나눈다. 매가 마진율은 다음의 공식으로 나타낸다.

매가마진율 = 마진 ÷ 판매가 × 100

② 원가마진율

마진을 원가로 나눈다. 원가 마진율은 다음의 공식으로 나타낸다.

원가마진율 = 마진 ÷ 원가 × 100

마진율이라고 할 때는 일반적으로 ①의 매가마진율을 가리킨다. 다만, 간혹 오해의 소지도 있으므로 '매가마진율'과 '원가마진율'이라는 정확한 명칭을 사용하는 것이 바람직하다. 통상적으로 판매가가 원가보다 크므로 매가마진율이 원가 마진율보다 작다.

마진율과 총이익률 차이

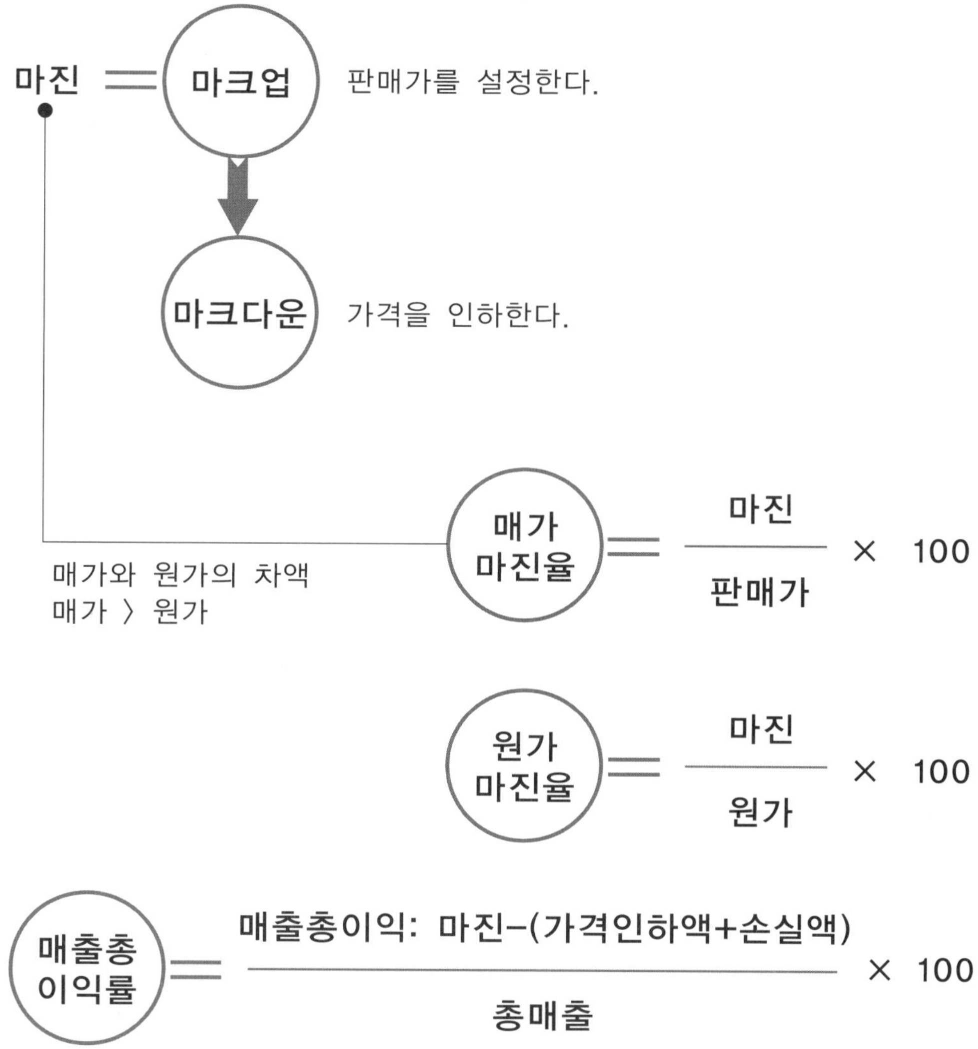

◉ 마진율은 매입 당시 상품의 판매가(원가)와 마진을 비교한 값으로, 매출총이익율을 마진율보다 나중에 계산한다.

3. 마진율과 매출총이익율의 차이

앞서 설명한대로 마진율과 매출총이익율은 다르므로 주의해야 한다. 매출총이익은 마진에서 가격인하액이나 손실액을 뺀 값으로 점포의 실질적인 이윤을 말한다. 매출총이익을 식으로 나타내면 다음과 같다.

매출총이익 = 마진 − (가격인하액 + 손실액)

따라서 가격인하나 손실이 없으면 매출총이익과 마진은 값이 같다.

매출총이익율 = 매출총이익 ÷ 매출×100

마진율은 매입 당시 상품의 판매가격이나 원가와 마진을 비교한 값이다. 반면, 매출총이익율은 매출과 이윤(매출총이익)을 비교한 값이다. 따라서 시간적으로 봤을 때 매출총이익율이 마진율보다 나중에 계산된다.

4. GMROI란?

GMROI란, 총투자수익율[16](Gross Margin Return On Inventory Investment)이다.

투자한 자본(이 경우는 상품에 투자한 자본)에 대해 매출총이익을 얼마나 올렸는지를 나타낸 값이다. 매출총이익율이나 상품회전율과 함께 상품의 효율을 나타내는 대표적인 지표이다. GMROI는 다음의 공식으로 계산한다.

GMROI = 매출총이익 ÷ 평균재고투자액(원가)

= (매출총이익 ÷ 매출액) ÷ (매출액 ÷ 평균재고투자액(원가))

= 매출총이익율 × 투자자본회전율(원가)

즉, GMROI는 매출총이익율과 투자자본회전율을 곱한 값이다.

위 공식은 상품을 선정할 때 매출총이익율이나 투자자본회전율 중 어느 한 가지 방법만으로 결정하지 말고, 두 가지 이상의 비율을 고려한 GMROI를 활용하라고 가르쳐주고 있다.

16) 원문은 '商品投下資本粗利益率'이며, 국내에서는 총마진수익율, 재고총이익율, 총투자수익율 등으로 표현하는데, 그 중 '총투자수익율'을 선택했다.

GMROI란 무엇인가?

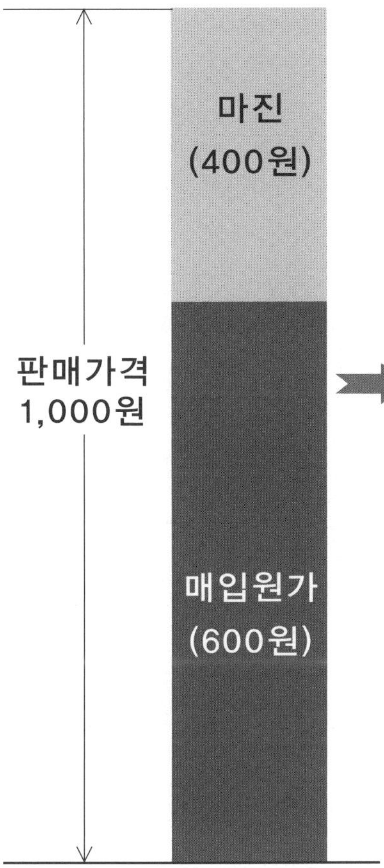

GMROI
Gross Margin Return On Inventory Investment

마진율 $= \dfrac{400\text{원}}{1,000\text{원}} \times 100 = 40\%$

GMROI = 매출총이익율 × 상품투자자본회전율

↑ 매출총이익 주의　　↑ 회전 속도 주의

3 상품부문은 전사(全社)이익에 어떻게 공헌하는가?

상품구성이나 매출총이익율에 변화를 주어서 매출총이익을 확대한다.

1. 이익공헌도란?

이익공헌도란 각 상품부문이 전사이익(全社利益, Enterprise Profit)에 어느 정도 공헌하는가를 나타내는 지표이다. 59쪽 표에서 이익공헌도를 살펴보자.

네 개 상품부문 중 매출총이익율만 봤을 때 전사이익에 가장 크게 공헌한 부문은 매출총이익율이 35%나 되는 D부문이다. 반면에 매출구성비율에 가장 공헌하고 있는 것은 A부문으로 40%나 된다. 개개의 지표만 봐서는 A부문을 강화해야할지, D부문을 강화해야할지 판단할 수 없다.

그러나 이익공헌도를 매출총이익율과 매출구성비율의 상승적(곱한 값)[17]으로 보면 어느 부문이 이익에 가장 공헌했는지 명확해진다. 59쪽 표의 네 부문 중에서는 곱한 값이 가장 큰 A부문이 이익공헌도가 제일 높다고 판단할 수 있다.

2. 매출총이익 믹스

상품구색에 앞서 매출총이익 믹스라는 생각은 매우 중요하다. 왜냐하면 매출총이익율만으로 상품의 매입을 판단하면 결과적으로 점포 전체의 매출총이익, 매출총이익율을 떨어뜨릴지도 모르기 때문이다. 매출총이익 믹스는 매출총이익율뿐 아니라 매출액의 관점(=상품회전율)도 상품구색에 반영하자는 시도이다.

매출총이익 믹스란, 상품구성이나 매출총이익율에 변화를 주어서 전체적으로 매출총이익율과 매출총이익을 확대시키자는 상품정책이다. 표기사례를 바탕으로 전체 매출총이익율을 향상시키는 방법을 생각해보자.

① 각 부문의 매출총이익을 그대로 두고 매출구성비를 변화시키는 방법

점포 전체의 매출총이익율을 높이는 첫 번째 방법은 각 부문별 매출총이익율을 그대로 두고 매출구성비를 변화시키는 것이다. 매출총이익율이 가장 높은 D부문의 매출 구성비를 높이고 매출총이익율이 가장 낮은 A부문의 매출구성비를 낮게 조정하면 곱한 값의 합계는 30.0이 된다. 즉, 점포 전체의 매출총이익율이 25.0%에서 30.0%로 5포인트나 오른 셈이다.

---

17) 相乘積(곱한 값) : 두 개 이상의 수를 곱해서 얻은 값으로 '상승곱'이라고도 한다.

가장 공헌하고 있는 부문은 어디인가?

	A부문	B부문	C부문	D부문
매출총이익율	20%	25%	30%	35% ▲ D가 가장 공헌
매출액구성비	40% ▲ D가 가장 공헌	30%	20%	10%

A와 D 중 어느 쪽을 강화해야할까?

	A부문	B부문	C부문	D부문
곱한 값	8.0 ▲ 이익공헌도 면에서 A가 가장 높다.	7.5	6.0	3.5

슈퍼마켓에서 자주 사용되는 '로스리더(특가상품)'는 매출총이익 믹스를 바탕으로 세운 전형적인 판촉정책이다. 로스리더만으로는 매출총이익율이 높아지지 않더라도 다른 상품을 판매하여 매출총이익율을 높여서 점포 전체의 매출총이익율을 확보한다.

② 매출구성비는 그대로 두고 각 부문별 매출총이익율에 변화를 주는 방법

두 번째 방법은 매출구성비는 그대로 두고 각 부문의 매출총이익율을 변화시키는 방법이다. 각 부문의 매출총이익율을 5%씩 올리면, ①과 같이 전체 매출총이익율은 25.0%에서 30.0%로 5포인트 상승하게 된다.

각 부분의 매출총이익율을 일제히 올리기 어렵다면, 매출구성비가 큰 부문의 매출총이익율을 높인다. 매출구성비가 큰 부문의 매출총이익율을 높이면 점포 전체의 이익에도 크게 공헌할 것이다.

3. 이익공헌도를 분석하는 목적

이익공헌도를 분석하는 목적은 앞서 설명한대로 점포 전체의 이익, 이익률을 향상시키는 데 있다. 또 이익공헌도를 분석하다보면 부수적으로 다음의 사항도 알 수 있다.

① 점포의 주 이익은 전체상품의 몇 퍼센트를 차지하는가?

이익공헌도를 분석한다는 것은 부문별 혹은 상품군별 상품의 매출총이익율, 매출구성비, 또 매출총이익율과 매출구성비의 곱한 값 등을 산출하는 것이다. 이를 통해 상품별, 상품군별 이익공헌도를 알 수 있다.

② 어떤 상품을 적극적으로 판매할 것인가?

①과 관련하여 어떤 상품부문 · 상품군을 강화해야하는지, 중점부문 · 상품군을 알 수 있다.

매출총이익 믹스에 따른 상품정책

매출총이익 믹스①

부문	매출총이익율	매출구성비	곱한 값
A	20%	10%	2.0
B	25	20	5.0
C	30	30	9.0
D	35	40	14.0
합계	30	100	30.0

◀ 매출 총이익율 향상

▲

매출총이익 분석표

부문	매출총이익율	매출구성비	곱한 값
A	20%	40%	8.0
B	25	30	7.5
C	30	20	6.0
D	35	10	3.5
합계	25	100	25.0

▼

매출총이익 믹스②

부문	매출총이익율	매출구성비	곱한 값
A	25%	40%	10.0
B	30	30	9.0
C	35	20	7.0
D	40	10	4.0
합계	30	100	30.0

◀ 매출 총이익율 향상

4 매입·발주는 어떻게 실시하는가?

어떤 상품을 언제, 몇 개 발주할 것인가?

1. 매입할 상품을 결정한다.

머천다이징에서 매입은 가장 중요한 업무이다. 매입 업무는 매입상품을 결정하고, 발주 데이터 입력과 송신, 상품의 납입과 검품, 상품을 매장으로 출고하는 업무 등을 말한다. 매입 업무 가운데 가장 중요한 일은 매입할 상품을 결정하는 일, 즉 ① 무엇을(아이템), ② 언제(발주 시기), ③ 몇 개(수량) 발주할 것인지를 결정한다.

2. 발주에 의지를 싣는다.

소매업에게 발주 작업은 판매관리나 재고관리 이상으로 중요한 업무이다. 왜냐하면 발주의 성패여부에 따라 매출이 결정되기 때문이다. 발주하지 않은 상품이 매장에 진열되는 일은 없지만, 획일적인 발주는 매장의 매력을 잃게 한다. 매장에 진열되는 상품은 발주의 성과라고 해도 좋을 정도이다.

따라서 발주를 단순한 작업으로 생각하지 말고 매장의 중요한 의사결정이라고 여겨야 한다. 매장을 활성화하고 매출을 높이려면 가설을 전제로 발주 작업을 실시해야 한다.

3. 가설 설정

통상적으로 발주는 63쪽 표와 같이 이루어진다. 네 단계 중에서 ②의 가설 설정이 가장 중요하다. 여기서 말하는 가설이란 '이 상품은 왜 이만큼 팔리지 않을까? 왜냐하면 이러이러하기 때문이다.'라고 추측하는 것이다.

가설이므로 적중할 때도 있지만 실패할 때도 많다. 가설이 실패하면 왜 실패했는지, 이유와 근거를 분명히 밝혀두어야 한다. 이것을 가설의 검증이라고 하는데, 이 과정을 거쳐야 가설의 정확도도 높아진다.

발주시 주의해야 할 가설 ⟶ 검증 사이클

1 발주를 위해 정보를 수집하고 분석한다.

↓

2 가설 수립

↓

3 판매 ⟶ POS 데이터 수집

↓

4 가설의 검증

4. 발주방식

발주에는 다양한 방법이 있다. 발주방법을 발주시간과 발주량으로 분류하면 정기발주와 정량발주로 나눌 수 있다.

(1) 정기발주(定期發注)

일정 시간(주기)을 간격으로 발주한다. 예를 들면 주 1회 월요일에 발주, 혹은 주 3회 월, 수, 금에 발주한다는 식이다. 발주 시간은 일정하지만 발주 수량은 그 때마다 달라지므로 '정기 비정량 발주'라고 할 수 있다.

(2) 정량발주(定量發注)

발주 수량이 일정한 방법이다. 예를 들면 매번 10개 단위로 발주하는 식이다. 수량은 일정하지만 발주시간이 상황에 따라 다르므로 '비정기 정량발주'라고 할 수 있다.

(3) EOS 발주

EOS는 전자 수 · 발주 시스템(Electronic Ordering System)의 약자로 컴퓨터를 이용하여 온라인 상에서 수주와 발주가 이루어지는 체제이다. 1978년 편의점의 최고기업인 세븐일레븐은 상품의 발주업무를 시스템화하기 위해 EOS를 전면적으로 도입했다. EOS는 전화나 팩스로 하는 발주에 비해, 대량으로 다양한 데이터를 송신할 수 있어 유통업계에 순식간에 보급되었다.

EOS 도입 시 장점은 다음과 같다.

① 발주 측(소매업)의 장점

- 발주업무 효율화
- 상품관리 정확도 향상
- 사무처리 효율화
- 성장기 상품과 쇠퇴기 상품의 파악 가능
- 매입업무 간소화

② 수주 측(도매업, 제조업)의 장점

- 수주업무 효율화
- 물류체제 효율화
- 반품, 납품 실수 감소
- 수주 데이터 활용으로 소매점 지원기능 강화
- 사무처리 효율화

발주정보 분류

과거정보

POS 정보
EOS 정보 등

↓

미래정보

이벤트
전단지
날씨 등

5 상품의 발주 정확도를 향상시킨다.

발주 정확도를 높일 뿐 아니라 매출예측으로까지 이어진다.

1. 발주 정확도 향상의 중요성

발주 정확도의 향상은 앞서 설명한 '가설'의 정확도를 높이는 일이다. 가설의 정확도가 높아지면 이에 수반되는 매출예측의 정확도도 높아진다. 예를 들어 A상품을 20개 발주한다고 가정하자. A상품을 점두에 진열하여 판매한 결과 12개밖에 안 팔렸다면 8개가 재고로 남게 된다.

그러면 20개 발주하겠다는 가설이 틀렸다는 뜻이 된다. 이때 발주 담당자는 왜 12개만 팔렸는지, 원인을 분명히 밝혀두어야 한다.

반면에 20개 모두 팔렸다면 이 가설은 완벽할까? 물론 그렇지 않다. 가장 어려운 부분인데, 주문한 수량이 모두 팔렸다면 품절될 가능성을 염두에 두어야 한다. 마지막 한 개가 팔리고 난 다음부터 다음 상품이 입고될 때까지 품절 시간을 예측하고 재고가 있었다면 얼마나 더 팔렸을지 예상하여 수량을 산출한다.

기회손실에서 오는 수량은 재고가 있었다면 분명히 팔렸을 양이다. 품절예측수량을 알면 기회손실금액을 쉽게 산출할 수 있다.

발주 정확도를 높이는 일은 단순히 발주 정확도뿐 아니라 매출을 예측하는 데도 연결되므로 점포 입장에서는 반드시 개선해야할 중요한 업무이다. 이는 모든 소매점이 풀어야할 최대의 과제이다.

2. 단품관리란?

발주 정확도 향상에 단품관리를 빼놓을 수 없다. 왜냐하면 상품은 상품군별, 카테고리별로 발주하는 게 아니라, 단품별로 발주하기 때문이다. 상품의 단품관리란 특정 카테고리 내 특정 아이템의 움직임을 관리하는 일이다. 단품관리는 일본 소매업 특유의 상품관리 기법이다.

품절예측에서 발주 정확도 향상으로 연결한다.

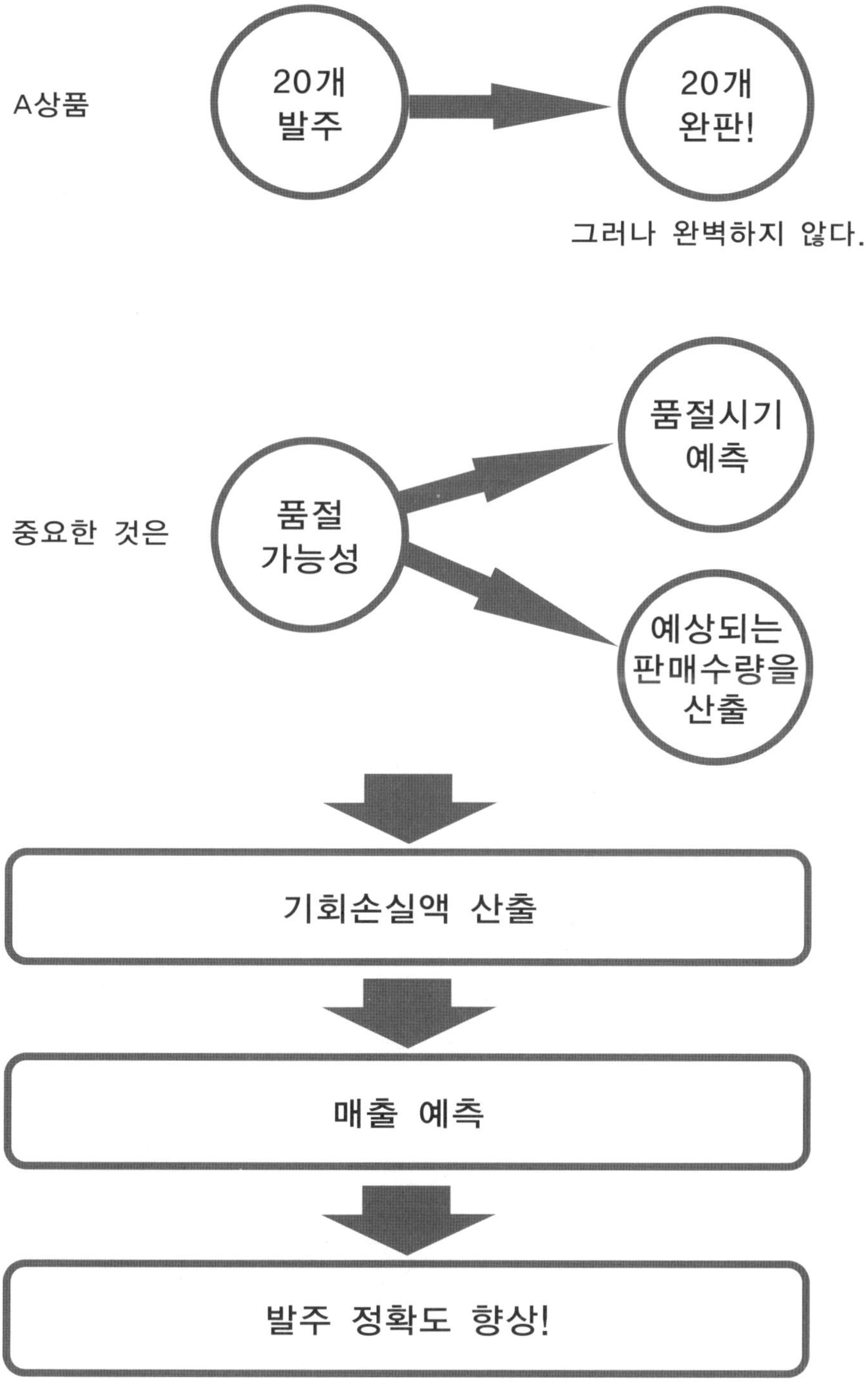

상품관리에 해당하는 영어로는 금액관리(dollar control)[18]와 수량관리(unit control)[19]가 있다. 여기서 말하는 수량관리는 단품관리와는 개념이 다르다. 서양에서는 상품을 단품 단위로 관리하기보다 부문별로 관리하자는 사고가 지배적이기 때문이었을 것으로 추측한다.

단품관리는 상품의 매입, 검품, 재고, 판매, 발주 등 일련의 움직임을 단품별로 관리하는 활동이다. POS 시스템 보급으로 단품관리는 빠르게 발전해갔다. 그러나 POS 시스템을 도입하지 않았다고 해서 단품관리가 불가능한 것도 아니다.

EOS의 단품정보나 실지재고조사와 재고정보 등을 활용하여 단품을 관리할 수 있다. 물론 POS의 단품정보가 EOS의 단품정보나 실지재고조사, 재고정보보다도 훨씬 자세하다. 그러다보니 단품관리라고 하면 곧 POS 시스템을 떠올리게 되었다.

3. 발주 정확도를 향상시키려면?

(1) 정보 수집과 분석

발주 담당자는 점포를 둘러싼 외부 환경과 고객층 등을 고려하여 발주가설을 세운다. 발주가설을 세우기 위해 수집해야할 정보를 시간축과 조직축으로 나눠보면 다음과 같다.

- 시간축 = 과거정보(POS 정보, EOS 정보 등)와 미래정보(날씨, 기온 이벤트 정보 등)
- 조직축 = 외부정보(기업 외부에 있는 정보)와 내부정보(기업 내부에 있는 정보)

(2) 레커멘드 발주

중견 편의점 체인인 A사는 발주지원을 위해 레커멘드 발주[20]를 채택했다. 이는 컴퓨터 시스템으로 발주작업을 지원하는 것을 말한다. A사는 성장기 상품의 결품을 줄이고, 쇠퇴기 상품을 철수시켜서 상품의 발주 정밀도를 향상시키기 위해서 이를 도입했다.

---

18) 상품의 흐름을 재정적으로 나타낸 것으로 MIS(Management Information System)으로 조정된다. 금액관리는 수량관리에서 일어나는 모든 이동사항을 재정의 개념으로 나타내는 회계방법이다.

19) 상품속성에 의한 관리제도로 POS로 조정되며 상품의 수량을 기록하는 시스템이다. 점포 내외에서 상품의 흐름추적, 품목별 판매속도 파악, 선호되는 가격 · 사이즈 · 컬러 파악, 수량 조절 등을 한다.

20) 레커멘드(recommend) 발주 시스템: 일본 유니시스(日本ユニシス) 주식회사가 개발한 체인스토어용 솔루션 'OpenCentral plus CPFR'와 데이터 마이닝 솔루션 'MiningPro 21'을 바탕으로 구축한 프로그램으로 점포 카테고리, 점포 포텐셜, 발주 레커멘드 수 등을 산출하고 판매 수량의 예측을 도와준다(注: 'OpenCentral plus'와 'MiningPro 21'은 일본 유니시스 주식회사의 등록상표임.).

품절예측에서 발주 정확도 향상으로 연결한다.

레커멘드 발주의 기능(A사)

점포 카테고리 산출기능 / 점포 포텐셜 산출기능 / 판매수량 예측기능 / 발주 레커멘드 수량 산출기능

컴퓨터로 발주를 지원하는 시스템

발주 정확도 향상 + 단품관리 = POS 시스템

그래픽 오더 터미널(Graphic Order Terminal, GOT)

판매 데이터, 상품 정보, 날씨, 이벤트 정보 등을 확인할 수 있으며, 매장에서 효율적으로 발주하는 작업을 지원한다.

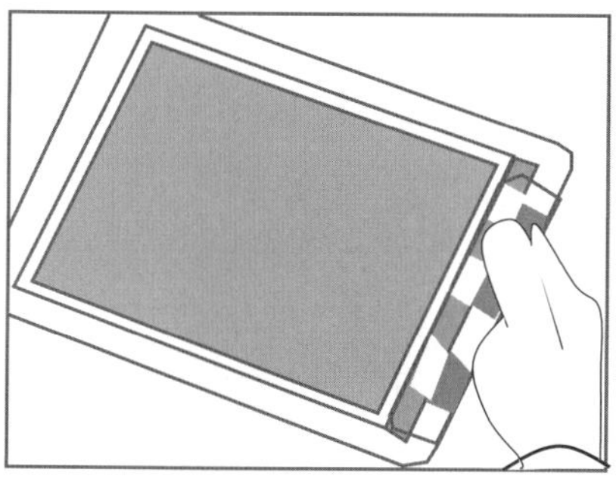

발주용 단말기(GOT)로 POS 정보를 확인

↓

발주상품·발주수량 결정

6 성장기 상품과 쇠퇴기 상품을 가려낸다.

감각으로 결정하지 말고 수치로 판단하여 일정한 기준을 세운다.

1. 성장기 상품과 쇠퇴기 상품이란

성장기 상품, 쇠퇴기 상품을 구분하는 일은 매장 활성화를 위해서도 반드시 필요하다. 성장기 상품을 전면에 내세우고 POP 광고[21]를 전개하여 적극적으로 판촉을 하는 점포의 매장은 활기가 넘친다.

성장기 상품이란 점포에서 취급하는 상품 중에서 판매실적이 가장 좋은 상품을 말한다. 반면에 쇠퇴기 상품은 판매실적이 하락세에 있거나 정체돼 있는 상품을 말한다.

판매실적이 좋다, 나쁘다는 것은 객관적이고 절대적인 기준이 아니라 주관적이고 상대적인 표현이다. 성장기 상품, 쇠퇴기 상품은 감각이나 느낌으로 결정하지 말고 제대로 된 수치를 근거로 판단하는 독자적인 선정기준이 있어야 한다.

2. 성장기 상품과 쇠퇴기 상품 가려내기

소매점은 성장기 상품을 확보하고 쇠퇴기 상품을 매장에서 점차 철수시켜야 한다. 성장기 상품, 쇠퇴기 상품의 선정기준으로 상품회전율(회전기간)을 적용하기도 한다. 상품회전율이 높은 상품은 성장기 상품, 상품회전율이 낮은 상품은 쇠퇴기 상품으로 판단한다.

왜냐하면 매장을 무한대로 넓히는 일은 불가능하므로, 유한한 매장이라는 '자원'을 효율적으로 사용하려면 더욱 많은 성장기 상품에 매장을 할애해야 하기 때문이다.

또, PI값(Purchase Incidence, 구매 경험)을 성장기 상품 · 쇠퇴기 상품의 판단 기준으로 사용할 때도 있다. PI값이란 고객 1,000명당 구매금액, 구매수량을 말한다. PI값이 높은 상품이 낮은 상품보다 고객의 지지를 받는다고 판단할 수 있다. PI값 분석은 Part 7에서 상세히 설명해두었다.

성장기 상품, 쇠퇴기 상품을 점포의 일방적인 판단으로 분류해서는 안 된다. 성장기 상품, 쇠퇴기 상품은 고객, 점포, 도매업 및 제조업의 세 관점에서 종합적으로 판단해야 한다.

---

21) point of purchase advertisement, 판매점 주변에 전개되는 광고와 디스플레이류 광고의 총칭이다.

성장기 상품과 쇠퇴기 상품을 가려낸다.

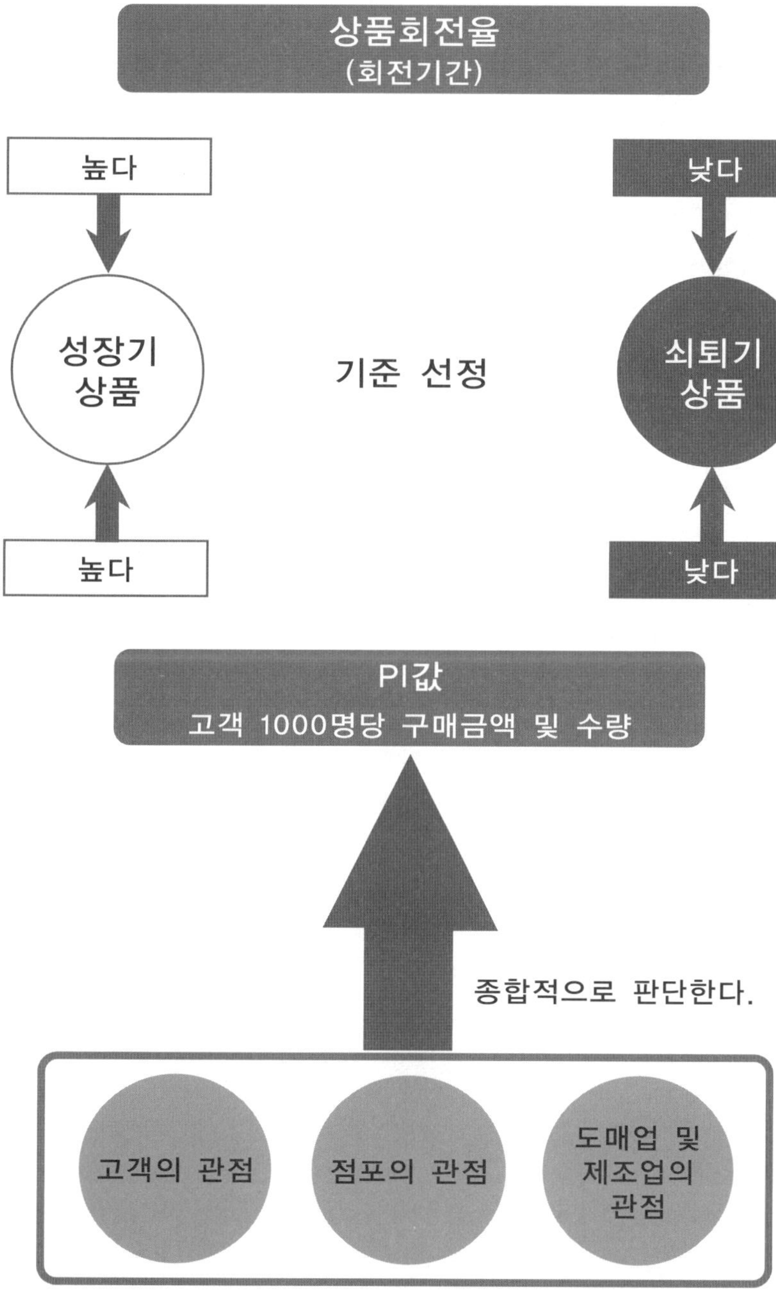

3. 세 관점에서 판단

성장기 상품, 쇠퇴기 상품을 선정할 때는 고객의 입장에 서봐야 한다. 점포는 누구를 위해서 존재하는지, 상품은 누구를 위해서 존재하는지 묻는다면 누구나 고객을 위해서라고 대답한다. 고객이 쇼핑하기 쉬운 매장에는 성장기 상품이 빼곡히 진열되어 있다. 머천다이징의 다섯 가지 적정에서도 확인한 것처럼 매장에는 적정한 상품이 적정한 시기와 장소에 적정한 수량, 적정한 가격으로 진열되어 있어야 한다.

성장기 상품, 쇠퇴기 상품의 구분은 점포에도 중요하다. 성장기 상품의 구색이 빈약하고 쇠퇴기 상품이 매장의 대부분을 차지하는 점포는 고객을 불러들이지 못한다. 그뿐만 아니라 결과적으로 상품회전율이 낮아져서 재고비용만 나날이 높아진다.

성장기 상품, 쇠퇴기상품의 구분은 상품을 제공하는 도매업 및 제조업에도 중요하다. 쇠퇴기 상품으로 가득 찬 점포에는 신상품이 들어설 틈이 없기 때문이다.

4. 성장기 상품, 쇠퇴기 상품은 인위적으로 만들 수 있다.

성장기 상품, 쇠퇴기 상품을 어느 정도 인위적으로 만들 수 있다. 상품의 호불호 문제가 아니다. 점포가 '팔고 싶은' 상품에는 점포의 열의가 반영되어 그대로 고객에게 전해지기 때문이다. 진열대의 좋은 위치에 진열하거나, POP 광고, 진열면수(facing) 증대 등의 행동으로 고스란히 나타난다.

쇠퇴기 상품을 매장에서 철수시키는 것도 중요하지만, '왜 팔리지 않았는가?', '정말로 안 팔리는 상품인가?', '판매방법에 문제는 없었는가?', 'POP 등 판촉효과가 없었는가?' 등을 반드시 검증해두어야 한다.

골든 존(Golden Zone)이란?

리치인케이스[22]에서의 골든존

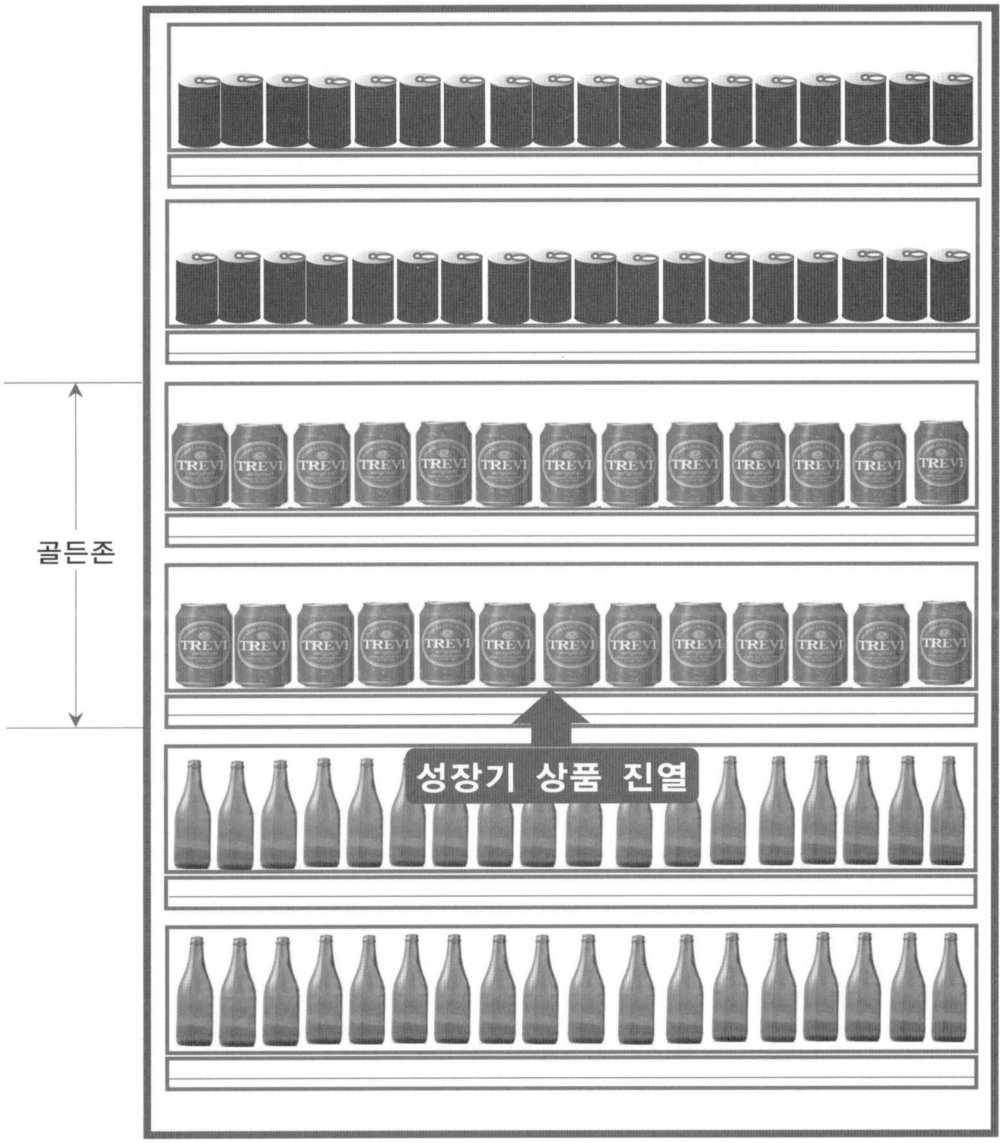

◉ 성장기 상품은 곤돌라에서 가장 잘 보이는 곳(골든 존)에 진열한다.

22) 음료나 아이스크림류를 보관하는 특수 냉동고를 가리킨다.

7 폐기손실과 품절손실을 줄인다.

매장의 폐기손실, 품절손실, 재고조사손실, 가격인하손실을 가려낸다.

1. 매장에서 발생하는 손실

마진 편에서도 설명했듯이 매장에서 발생하는 손실을 없애면 매출총이익율이 향상된다. 매장의 손실을 절감하기위해서는 매장에서 발생하는 손실을 요소별로 파악하여 각각의 손실을 줄여가야 한다.

(1) 폐기손실

상품을 폐기할 때 발생하는 손실을 폐기손실이라고 한다. 식품을 취급하는 슈퍼마켓이나 편의점에서 주로 발생한다. 상품을 폐기하지 않는 한 손실은 발생하지 않지만, 선도가 지난 상품을 매장에 진열했을 때 발생하는 폐해도 감안해야 한다.

(2) 판매기회손실

기회손실 혹은 품절손실이라고도 한다. 매장에 상품이 없어서 발생하는 손실을 말한다. 판매기회손실은 수치로 파악하기 힘들기 때문에 방치되기 쉽다. 그러나 판매기회손실이 발생하면 고객의 발길이 뜸해진다. 매일 고객 수를 확인하고 흐름을 파악하는 일은 고객의 지지율을 파악하고 판매기회손실을 막는 데도 효과적이다.

(3) 재고조사손실

재고조사손실은 실지(實地)재고조사 후에야 밝혀지는 손실이다. 실지재고조사란 매장의 상품을 단품별로 세어서 총재고금액을 조사하는 일을 말한다. 총재고금액이 명확히 밝혀지고 난 후에 발생하는 장부상 재고액과 실제 재고액의 차이가 바로 재고조사손실이다(실지재고조사는 Part 4에 상세히 설명해두었다.).

재고조사손실 = 장부재고액 - 실제 재고액

재고조사손실율을 매출의 1%미만으로 유지하겠다는 등 목표를 뚜렷이 세워서 상품과 재고를 관리해야 한다.

(4) 가격인하손실

가격인하로 인해 발생하는 손실이다. 마진과 매출총이익은 같아야 하지만 다를 수밖에 없는 가장 큰 원인 중 하나가 바로 가격인하손실이다. 왜 가격을 인하해야만 했는지, 원인을 파악하여 가격인하손실을 줄여야만 한다.

매장에서는 어떤 손실이 발생하는가?

폐기손실

- 식품을 다루는 슈퍼마켓이나 편의점에서 자주 발생한다.

판매기회 손실

- 기회손실, 품절손실
- 수치화하기 힘들다.
- 고객 수가 줄어든다.

재고조사 손실

- 실지재고조사 후에 밝혀진다.
- 재고손실 = 장부재고액 − 실제 재고액
- 재고손실율을 매출의 1%미만으로 유지한다.

가격인하 손실

- '마진 = 매출총이익'이 되지 않는 이유 중 하나
- 원인을 파악하고 더 이상 발생하지 않도록 노력한다.

2. 폐기손실 줄이기

폐기손실이라는 말은 편의점업계에서 이 말을 사용하면서부터 일반화됐다. 도시락, 주먹밥, 샌드위치 등 신선품의 경우 가설 없이 발주하기 때문에 폐기손실이 발생할 수밖에 없다.

폐기손실이 발생하는 원인으로는 다음의 두 가지를 들 수 있다.

(1) 소비자가 선도에 민감해졌다.

대형 식품업체가 소비기한[23]이 지난 상품을 유통시킨 일로 큰 문제가 된 적이 있다. 이를 계기로 소비자는 식품의 소비기한, 상미기한[24]을 한층 주시하게 되었다. 따라서 제조업체와 유통업체는 선도 관리에 더욱 신경 써야 한다. 소매업도 철저히 선도를 관리하여 폐기손실을 조절해야 한다.

(2) 물류 개선

편의점의 도시락, 샌드위치 등은 일반적으로 1일 1회 배송이었다. 그러나 요즘은 1일 3회 배송이 자리를 잡고 있다. 소비자의 입장에서 신선한 도시락과 샌드위치 등이 점포에 진열되는 일은 반갑기 그지없지만, 상품을 관리해야하는 점포 입장에서는 여간 큰 일이 아니다. 배송 횟수가 늘수록 점포는 더욱 꼼꼼히 상품을 관리해야 한다.

3. 기회손실 줄이기

기회손실을 줄이려면 우선 기회손실이 얼마나 되는지부터 파악해야 한다. 단품별로 결품 일람표를 만들고 금액 혹은 수량이 큰 순서대로 품절 대책을 세운다. 기회손실을 줄이기 위해서는 가설이 수반된 발주가 우선되어야 한다. 가설을 세우고 POS 데이터로 검증하는 PDCA 사이클[25]을 가동시킨다.

---

23) 消費期限, 일본에서는 제품제조로부터 부패나 품질저하가 급하게 이뤄지고 대체로 5일 이내에 품질이 나빠지는 유제품 등 식품의 유효기간을 표시할 때 사용한다.

24) 賞味期限(BBD: Best Before Date), 소비기한으로 표기하는 제품을 제외한 대부분의 식품류의 유효기간. 냉장 또는 상온 보존하는 등 일정한 조건하에 품질이 떨어지지 않고 안전성이 확보되면서 맛을 보증할 수 있는 기간을 의미한다. 일본에서는 식품의 유효기간을 설정할 때 소비기한과 상미기한 두 가지 표시를 사용한다. 특히, 상미기한은 일본정부의 지침을 바탕으로 각 업체가 자율적으로 정하고 있다.

25) plan-do-check-act cycle, '계획→실행→학습/확인→조치'의 뜻으로, 생산관리나 품질관리 등 관리업무를 계획대로 진행하기 위한 관리방법론이다.

기회손실을 줄이려면?

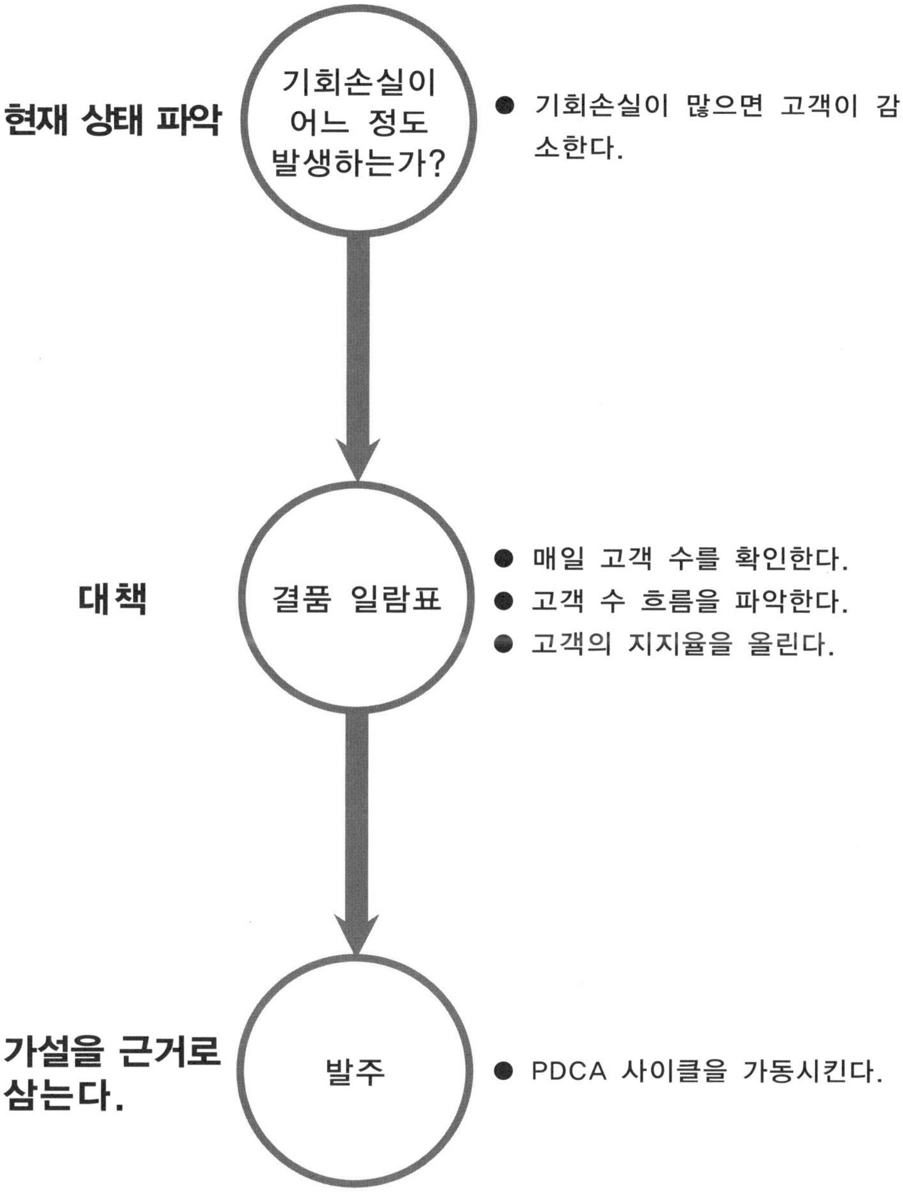
현재 상태 파악
기회손실이 어느 정도 발생하는가?
기회손실이 많으면 고객이 감소한다.
대책
결품 일람표
매일 고객 수를 확인한다.
고객 수 흐름을 파악한다.
고객의 지지율을 올린다.
가설을 근거로 삼는다.
발주
PDCA 사이클을 가동시킨다.

8 선도관리는 매출에 좋은 영향을 준다.

상품의 선도를 꼼꼼히 관리하면 판매기회를 놓치지 않고 품절도 줄일 수 있다.

1. 네 가지 기본원칙 중 하나

선도관리를 좁게 해석하여 '식품의 선도를 지키는 일'로만 생각하는 사람이 있다. 그러나 선도관리는 더욱 넓은 개념이다. 식품은 물론이려니와 샴푸나 린스 등의 일용품, 텔레비전이나 에어컨 등의 가전제품, 잡지나 서적까지 '모든 상품에 선도'가 있다. 이러한 차원에서 선도관리란 모든 상품의 선도를 꼼꼼히 관리하여 상품의 판매기회를 놓치거나 품절을 줄이기 위한 상품관리의 한 영역으로 볼 수 있다.

대형 편의점 체인에서는 ① 상품구색, ② 선도관리, ③ 청결유지(cleanliness), ④ 친절한 서비스를 기본 4대원칙으로 삼고, 특히 '선도관리'를 점포의 중점 관리 항목으로 삼고 실행중이다. 선도관리도 매출에 좋은 영향을 주지만, 4대 기본원칙을 종합적으로 관리하면 매출의 증가도 기대할 수 있다.

선도관리의 예로 잡지를 들어보자. 잡지는 주간지, 월간지, 격월간지, 계간지 등, 발행시점에 따라 명칭도 제각각이다.

매주 월요일에 발행되는 주간지는 '월요일이 가장 호기'로 시간이 흐르면 선도가 떨어져서 정보가 진부해진다. 금요일, 토요일이 되면 팔고 남은 주간지는 매장에서 철수되어 다음 호(號) 입고 시에 반품된다.

반품은 앞에서 설명한 폐기처분에 해당한다. 식품의 폐기처분과는 달라서 반품은 점포가 원가를 부담하지 않으므로 소매점은 아무런 반품리스크가 발생하지 않는다. 그러나 반품도 결국 선도가 떨어진 상품을 처분하는 것이다.

왜 선도관리가 중요한가?

대형 편의점의 4대 기본원칙 중 하나

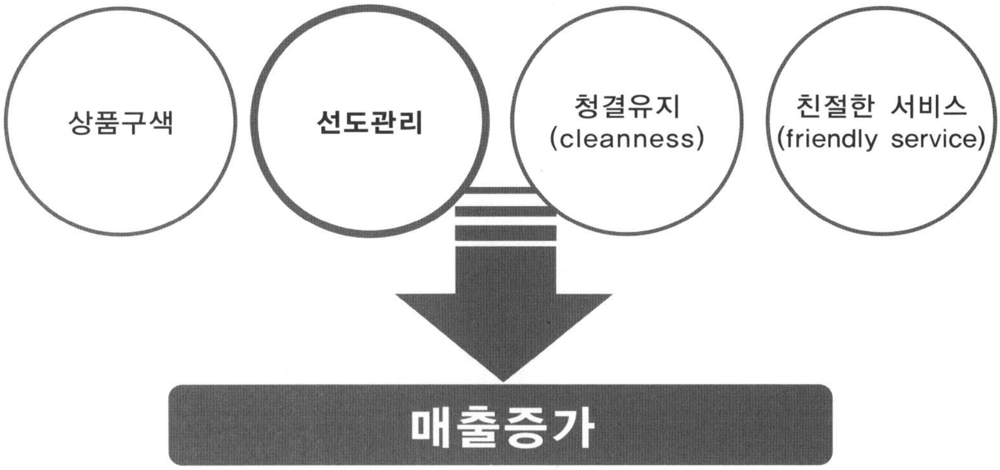

매주 월요일 발행하는 주간지

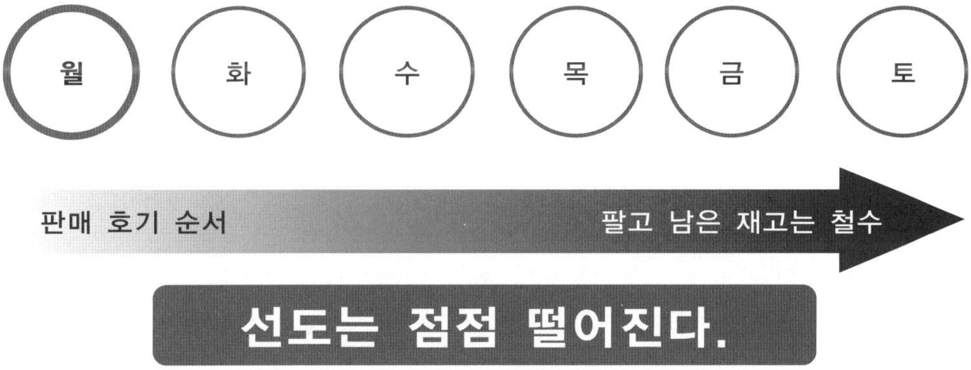

선도관리로 항상 신선한 상품을 갖춘다.

2. 선도관리는 꼼꼼한 재고관리에서

가만히 앉아서 POS 데이터로 상품정보만 바라보고 있다고 해서 선도가 관리되는 것은 아니다. 매장에 가서 실제로 상품을 눈으로 보면서 하나하나 확인하는 작업을 게을리 해서는 안 된다. 짧은 시간 안에 상품 카테고리별로 실지재고조사를 실시하는 것이나 다름없다. 단품별로 재고수량을 확인하면서 다음에 언급할 선입선출, 진열면수를 증가시킨다.

3. 진열면수 증대(face-up)의 철저한 관리

진열면수 증대는 고객이 상품을 구입하고 들쭉날쭉해진 매장 상품 진열대를 빈틈없이 채우고, 전진입체진열을 철저히 실행하는 일을 말한다. 전진입체진열은 곤돌라 선반에 상품을 진열할 때 '앞쪽부터 입체적(위로 겹처지게)으로 진열하는 것'을 말한다. 이때 고객이 상품을 구매하면 선반의 상품이 들쭉날쭉해진다. 따라서 진열면수를 증가시켜야 한다.

선도관리(수량 확인을 포함)는 매일 확인할 시각과 담당자를 정해놓고 계획적으로 실시해야 한다. 선도관리의 횟수와 방법은 상품 카테고리별로 정하는 게 바람직하다.

또한 도시락이나 샌드위치 등 선도관리에 특별히 주의가 필요한 상품군은 상품 확인 횟수도 잦지만, 잡화류 등은 비교적 횟수가 적다.

4. 선입선출을 철저히

선도관리에서 가장 중요한 점은 상품의 철저한 선입선출이다. 선입선출은 먼저 매입한 상품을 진열대 바깥쪽으로, 나중에 매입한 상품을 진열대 안쪽으로 진열하는 기법을 말한다.

매장에 상품을 내놓을 때 오래된 상품을 구석에 넣고 진열대 앞쪽에 새로 들어온 상품을 진열하면 작업하기가 훨씬 수월하다. 다만 그랬다가는 오래된 상품은 언제까지고 팔리지 않고 매장에 남아 있게 된다. 만약 식품이라면 폐기손실로 이어질 확률이 높다. 선입선출은 선도관리를 실시하는 데 반드시 지켜야할 최소한의 규칙이다.

선도관리 방법에 대해서

매장에서 상품을 하나하나 확인한다.

단품별 재고수량을 확인한다.

진열면수를 증가시킨다.

들쭉날쭉해진 상품 진열대를 재정비하고 전진입체진열을 철저히 한다.

확인시각과 담당자를 정한다.

계획적으로 실행한다.

선입선출에 철저를 기한다.

먼저 매입한 상품을 진열대 앞쪽에 진열한다.

PART 3

가격설정법과 상품가치 높이는 법

점포의 경영방침 · 경영전략에 근거한 가격정책

1. 고객관점에서 본 『매출액 = 객수 × 객단가』
2. 점포 경영전략은 가격을 보면 알 수 있다.
3. 상품가치는 효용과 가격의 비교이다.
4. 코스트플러스법과 마크업법
5. 특가정책과 EDLP 정책의 차이
6. 초기마진율과 실현마진율은 어떻게 다를까?
7. 프라이스라인과 프라이스존
8. NB상품과 PB상품은 어떻게 다른가?

1 고객관점에서 본 「매출액 = 객수 × 객단가」

먼저 객단가를 높인 다음에 고객 수 증대를 노린다.

1. 매출액 공식의 의미

수많은 매출 공식 중에 '매출액 = 객수×객단가'가 가장 일반적이다. '일반적'이라는 것은 '보편적'이라고 바꿔 말할 수 있다. 이 공식은 매출을 고객의 관점에서 본 것으로, 가장 머천다이징 지향적인 공식이라 하겠다.

'매출액 = 고객수 × 객단가'라는 공식은 우리에게 많은 것을 알려준다.

① 매출액은 고객수와 객단가의 곱이다.
② 매출액은 고객수와 객단가로 나눌 수 있다.
③ 객단가는 매출액 나누기 객수이다.
④ 객수와 객단가는 매일 확인해야할 정도로 중요하다.
⑤ 매출액을 늘리려면 객수를 늘리거나 객단가를 늘려야 한다.
⑥ 객단가가 일정하다면 객수를 늘려야만 매출액이 는다.
⑦ 객수를 늘리기 어렵다면 객단가를 높여야만 매출액이 는다.

2. 고객 수 늘리기

매출액을 늘리려면 객수를 늘려야 한다. 객수(客數)란 구매고객의 수를 말한다. 구매고객의 수를 늘리기에 앞서 객수의 공식을 한 번 나눠볼 필요가 있다.

구매고객 수 = 입점고객 수 × 구매율

이 공식에서 구매고객 수를 늘리려면 다음의 두 가지 항목이 필요하다는 것을 알게 됐다.

① 입점고객 수를 늘린다.
② 구매율을 높인다.

반면에 구매고객 수는 다음의 공식으로 표현할 수 있다.

구매고객 수 = 기존고객 수 + 신규고객 수

즉, 구매고객 수는 기존고객 수와 신규고객 수로 나눌 수 있다. 아무 조치도 취하지 않으면 기존고객은 줄어듦으로 신규고객을 늘리는 방법도 동시에 고려해야만 한다. '객수 증가'는 기존고객이 아니라 신규고객을 늘리는 것을 뜻한다.

매출액을 늘리려면?

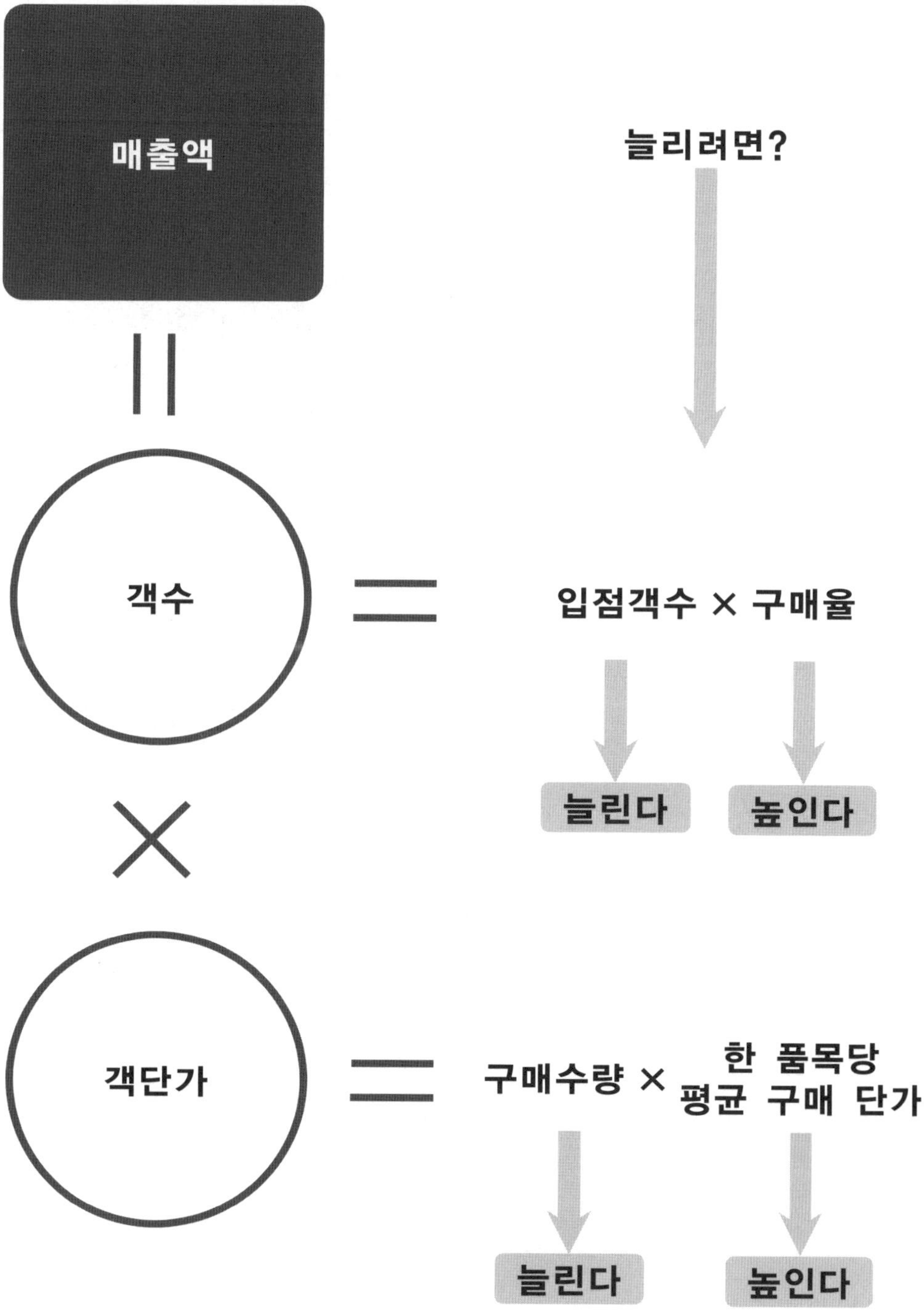

3. 객단가 분해

객단가는 다음 공식과 같이 분해할 수 있다.

객단가 = 구매수량 × 단품별 평균구매단가

객단가는 구매수량과 단품별 구매단가로 구성된다. 따라서 객단가를 높이려면 다음의 두 가지 대책을 생각해볼 수 있다.

① 구매수량을 늘린다.

② 단품별 평균 구매단가를 높인다.

①의 구매수량을 늘리는 일은 ISM(인스토어 머천다이징)의 목적이며 ②의 단품별 평균구매단가를 높이는 일은 상품 업그레이드(up-selling)를 의미한다.

객단가를 늘리는 일이 중요한 이유를 일일매상 360만 원인 슈퍼마켓의 사례를 통해 생각해보자. 객수가 2,000명이고 객단가가 1,800원, 평균구매 품목수가 6점이라고 하자.

360만 원 = 2,000명 × 1,800원 = 2,000명 × (@300원×6점)

객수와 평균단가를 바꾸지 않고 평균구매수량을 0.5품목씩 많이 구매한다고 가정하면, 일일매출이 30만 원 증가한다.

390만 원 = 2,000명 × (@300원 × 6.5점)

반면에, 객단가가 바뀌지 않는다고 가정하면, 일일매출 390만 원을 올리려면 객수가 167명씩 증가해야 한다는 것을 알 수 있다.

390만 원 = 2,167명(@300원×6점)

매출을 늘리려면 일반적으로 객수를 늘리기보다 객단가를 높이는 쪽이 훨씬 수월하다. 그러므로 우선 객단가를 높이는 데 집중하고 그 다음에 고객 수를 늘리는 데 힘쓴다. 크로스 머천다이징이나 스크램블드 머천다이징은 객단가를 늘리는 구체적인 대책이라고도 하겠다.

객수를 늘리는 것보다 객단가를 올리는 것이 훨씬 쉽다

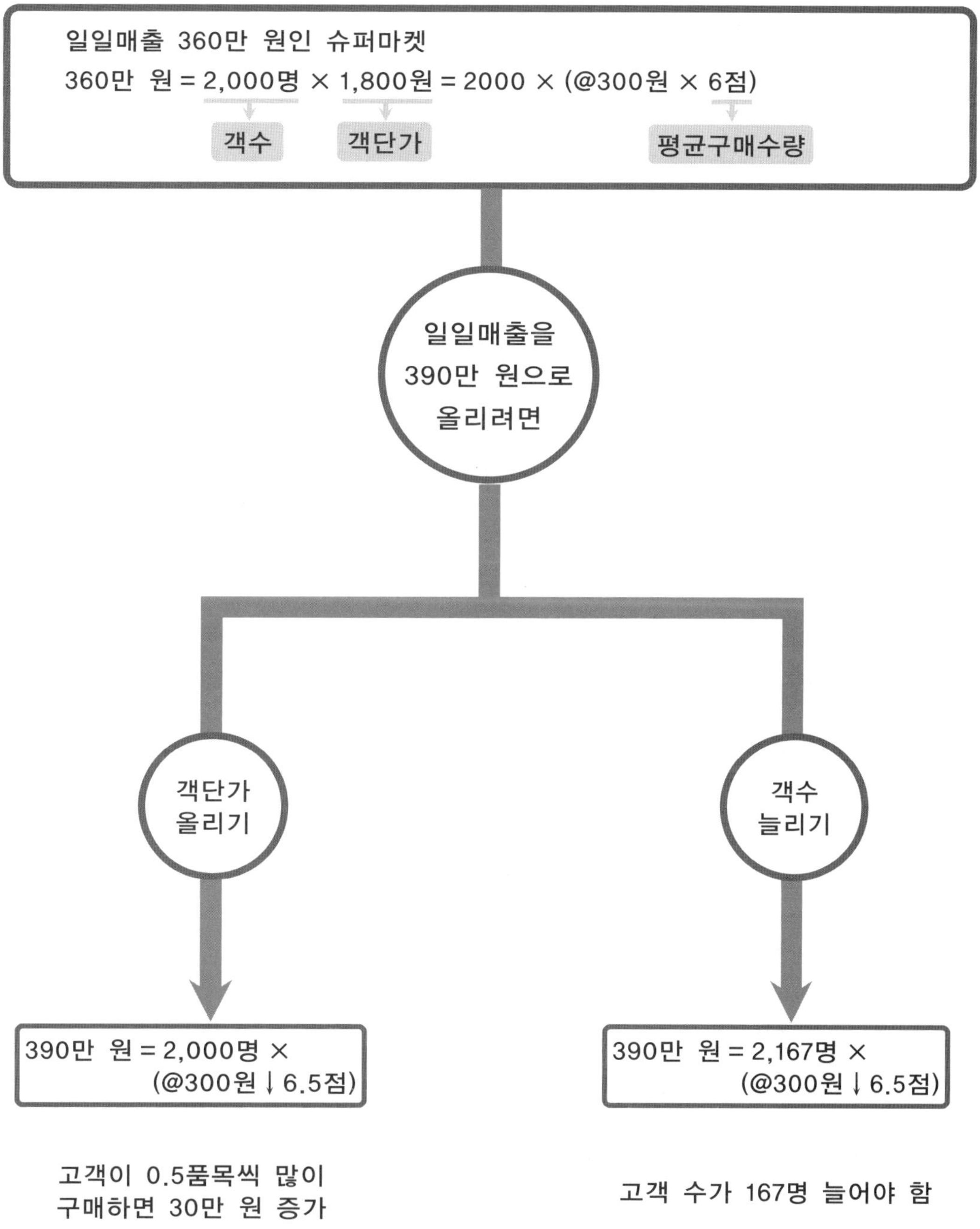

2 가격을 보면 점포 경영전략을 알 수 있다.

가격결정에는 비용지향형, 수요지향형, 경쟁지향형이 있다.

1. 가격을 결정하는 요인

머천다이징에서 가격을 결정하는 일은 상품선정 다음으로 중요한 항목이다. 가격에는 점포의 경영방침·경영전략이 여실히 드러나기 때문이다. 고가전략·중가전략·저가전략 중 어느 것을 채택할지, 개개의 상품 가격을 얼마로 설정할지는 점포의 경영방침·경영전략 그 자체라고 해도 좋을 것이다. 경영전략은 가격만 봐도 알 수 있다.

가격결정요인은 기업을 둘러싼 내부요인과 외부요인으로 나눌 수 있다. 가격을 결정할 때는 기업 내부요인뿐 아니라 기업이 처한 외부요인도 고려해야만 한다.

① 내부요인 = 제조비용, 매입비용, 마케팅 비용, 이익·마진 등

② 외부요인 = 경쟁사의 동향, 소비자의 동향, 경기 동향 등

2. 가격결정법

가격결정에는 다음의 세 가지 방법이 있다.

(1) 비용 지향형 가격결정법

비용을 기준으로 가격을 설정하는 방법이다. 코스트플러스법과 마크업법이 있다. 두 방법은 원가에 마진을 더한다는 점에서 비슷하다.

- 코스트플러스법 = 제조원가 + 마진(제조업에서 사용)
- 마크업법 = 매입원가 + 마진(유통업에서 사용)

(2) 수요 지향형 가격결정법

수요동향을 고려한 가격결정법이다. 수급관계를 염두에 둔 가격결정법과 소비자의 평가를 기준으로 삼은 가격결정법이 있다.

(3) 경쟁 지향형 가격결정법

타사와의 경쟁상황을 참고한 가격결정법이다.

- 실세가격 …. 시장의 실세(實勢)를 고려한 가격결정법
- 입찰가격 …. 입찰 시의 가격결정법

가격결정법의 종류

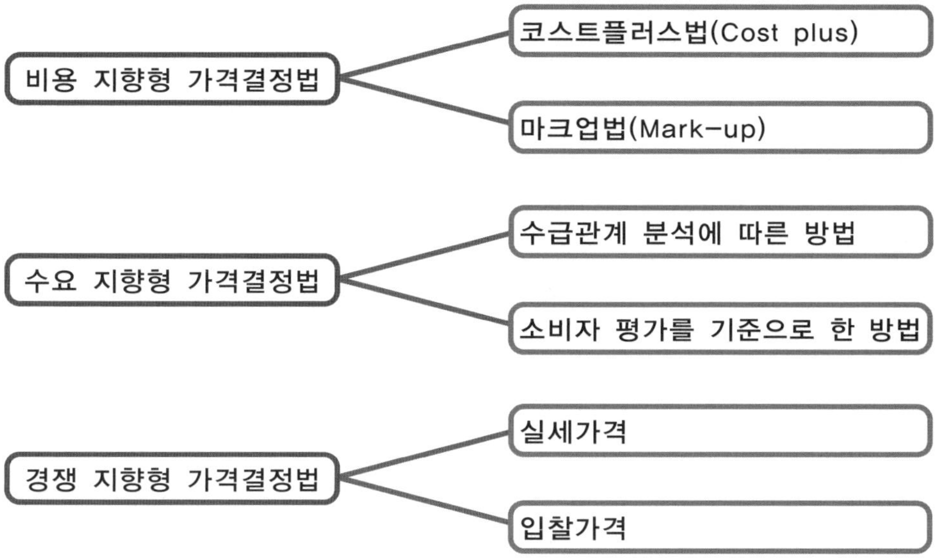

3. 심리를 고려한 가격결정

(1) 끝수가격

8이나 9처럼 맨 끝에 붙는 끝수를 이용한 가격결정법이다. 딱 떨어지는 1,000원으로 책정하기보다 2원밖에 차이나지 않지만 998원으로 책정하면 소비자는 심리적으로 저렴하다는 느낌을 받는다.

(2) 습관가격

캔 커피는 120원, 캐러멜은 100원 등 해당 상품카테고리에 붙이는 습관적인 가격을 말한다.

(3) 명성가격

일부러 가격을 비싸게 설정하여 소비자의 신분이나 사회적 지위에 호소하는 가격정책이다. 고급 브랜드 등에 사용되는 가격결정법이다. 프리스티지 프라이싱(Prestige Pricing)이라고도 한다.

3 상품가치는 효용과 가격의 비교이다.

가격을 올리는 데는 저가전략과 고효용전략이 있다.

1. 가치란 무엇인가?

소비자는 가치 있는 물건에는 기꺼이 돈을 지불한다. 거꾸로 말하면 가치가 없는 물건은 아무리 저렴하더라도 돈을 지불하지 않는다. 따라서 기업은 소비자에게 가치 있는 상품과 서비스를 끊임없이 제공해야 한다.

막상 가치가 무엇이냐고 묻는다면 대답하기가 쉽지 않은데, 가치와 가격을 공식으로 표현하면 다음과 같다.

가치(Value) = 효용(Utility) ÷ 가격(Price)

즉, 가치는 효용을 가격으로 나눈 결과라고 할 수 있다. 이 공식에서 가치를 높이기 위한 방법을 두 가지로 생각해 볼 수 있다.

① 효용이 일정하다면, 가격이 저렴한 상품 및 서비스를 제공하면 가치가 높아진다.

② 가격이 일정하다면, 효용을 높이면 가치도 높아진다.

2. 저가전략이란?

저가전략은 위의 ①을 바탕으로 한 전략이다. 품질이 같다면 누구나 가격이 저렴한 상품을 선호하는 법이다. 대기업이라면 저가전략을 상시 채택할 수 있지만, 중소기업은 그렇지 못하다. 왜냐하면 '저가격 ⇒ 저 이익 ⇒ 경영압박'으로 이어질 가능성이 높기 때문이다. 저가전략을 채택하려면 이를 지원할만한 시스템을 갖추어야 한다.

세계 최대의 소매업체인 월마트가 EDLP(Every Day Low Price) 정책을 유지할 수 있었던 데도 그만한 이유가 있다. 경비율(經費率)을 상시 16%대로 유지하는 EDLC (Every Day Low Cost) 정책을 시스템으로 구축했기 때문이다.

가치를 올리려면?

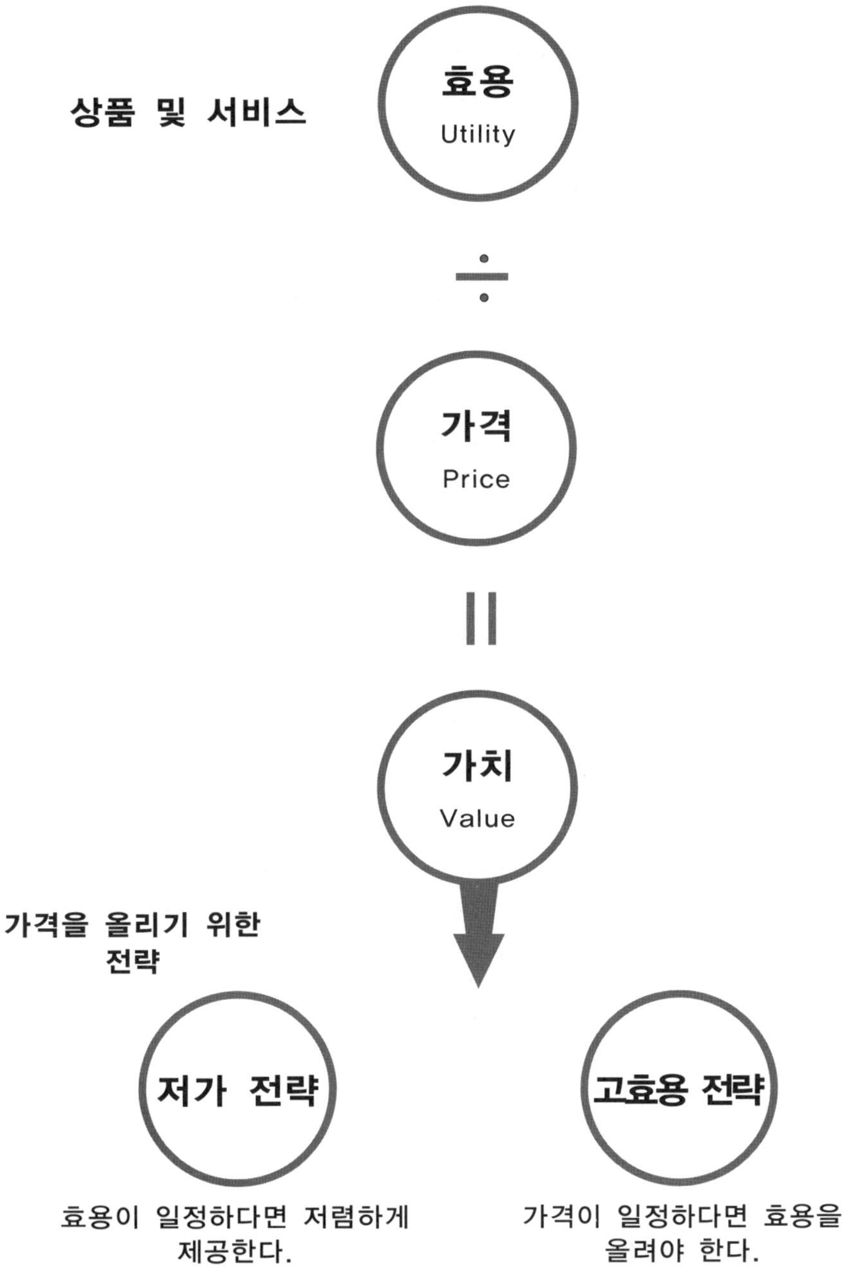
상품 및 서비스
효용
Utility
÷
가격
Price
=
가치
Value
가격을 올리기 위한 전략
저가 전략
고효용 전략
효용이 일정하다면 저렴하게 제공한다.
가격이 일정하다면 효용을 올려야 한다.

3. 고효용전략이란?

효용이란, 소비자가 느끼는 모든 편리성을 가리킨다. 효용에는 서비스, 품질, 브랜드력, 로열티 등이 포함된다. 서비스에도 여러 가지가 있다.

예를 들면 야마가타 시(山形市)에 점포를 낸 M가전판매점은 대형 가전양판점이 실시하지 않는 '비포 서비스(Before Service)'를 도입하여 고객으로부터 압도적인 지지를 받고 있다. 비포 서비스란 가전제품을 구매하기 전에 미리 써 볼 수 있는 서비스이다.

와인 또는 지역 특산주 시음회나 식품의 시식코너와 비슷하다. 즉, '써보고 마음에 들면 사고, 마음에 들지 않으면 안 사도 된다.'는 것이다.

M가전판매점의 비포 서비스를 체험한 사람의 구매율은 80%에 육박한다고 전해진다. 물론 이 서비스를 아무렇게나 실시한 것은 아니다. 고객 데이터베이스의 고객정보에 근거하여 목표를 설정하였으므로 구매확률이 높을 수밖에 없다. M가전판매점 사업주는 어떤 상품이든 제일 먼저 사용해보고 스스로 좋다고 인정한 제품에 한해서 비포 서비스의 해당제품으로 고객에서 소개한다.

대형 가전양판점이 실시하지 못하는 비포 서비스, 이것이야말로 M가전판매점만의 독자적인 효용이라 하겠다. 효용을 창출한다는 것은 다른 기업이 이미 실시하고 있는 서비스를 흉내 내는 일이 아니다. 기업스스로가 독자성을 발휘한 효용이라야 차별화로 이어진다.

M가전판매점의 비포 서비스는 머천다이징 측면에서 볼 때 효용의 내용을 채운 일이 차별화로 이어진 좋은 사례이다. 타사에는 없는 상품구색도 효용의 일부분이 될 수 있다.

그러나 상품구색은 다른 기업이 흉내 내기 쉬우므로 독자적인 상품을 발굴해내는 지혜가 필요하다. 반면에 상품구색이 다른 기업과 비슷하다면 M가전판매점처럼 독자적인 '서비스'를 고안해내는 것도 좋은 방법이 될 것이다.

M가전판매점의 고효용 전략

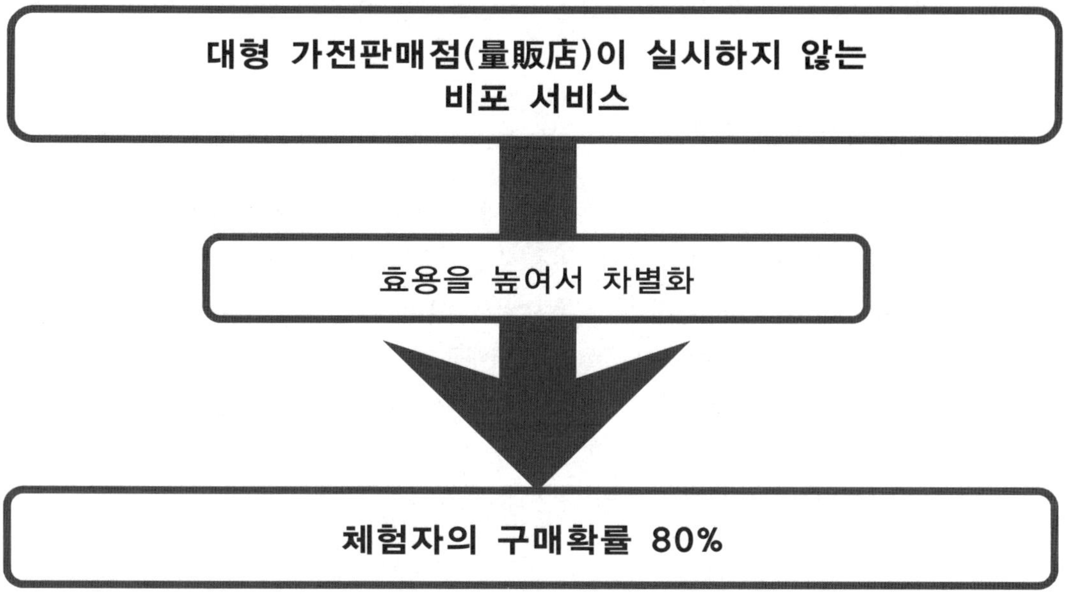

종합화와 전문화에 의한 상품구색 전략

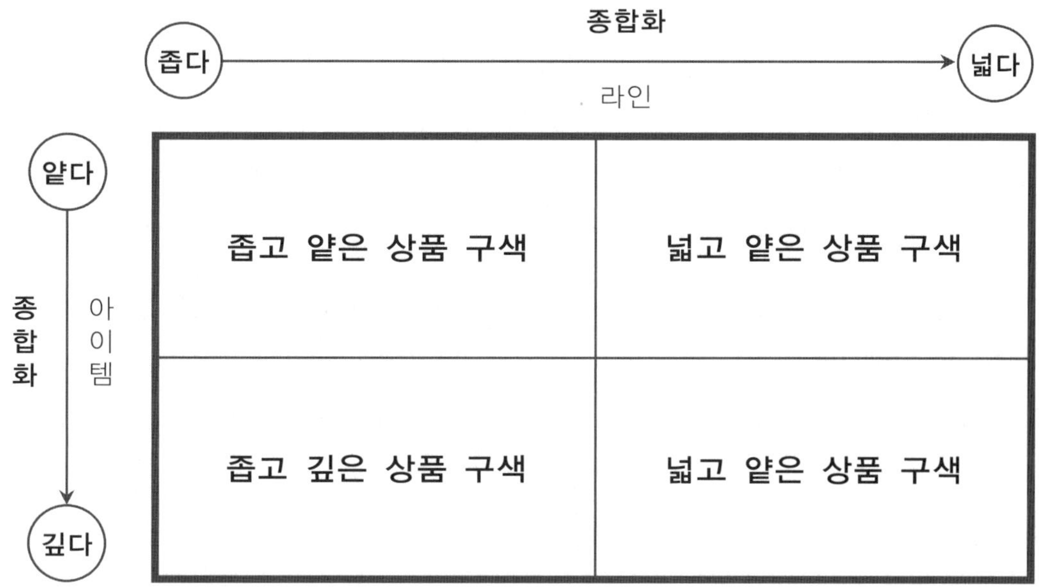

4 코스트플러스법과 마크업법

제조업은 제조원가, 유통업은 매입원가를 바탕으로 가격을 설정한다.

1. 코스트플러스법은 제조업

코스트플러스(cost plus)법은 주로 제조업에서 사용하는 가격설정법이다. 제조원가에 마진을 더해서 가격을 책정한다. 비용지향형 가격결정법의 대표주자이다.

제조원가에는 원재료비, 설비비, 제조요원의 인건비, 원재료의 운송 및 보관비, 감가상각비 등이 포함된다. 반면에 광고비, 판매촉진비, 판매원 인건비 등이 해당하는 마케팅 비용도 넓은 의미에서는 원가에 포함된다. 마진이나 마진율은 과거의 실적이나 업계 관습 등을 참고하여 결정한다.

코스트플러스법의 장점과 단점은 다음과 같다.

(1) 코스트플러스법의 장점

- 가격결정 단계가 간단하다.
- 수요 지향형, 경쟁 지향형 가격결정법에 비해 안정된 이익을 확보할 수 있다.
- 모든 기업이 이 방법을 채택하면 가격경쟁을 피할 수 있다.

(2) 코스트플러스법의 단점

- 수요나 경쟁상황을 무시하고 있다.
- 소비자의 입장보다 기업 논리가 우선된다.
- 조업도에 따라 변동하는 제조원가가 가격에 반영되지 않는다.

2. 마크업법은 유통업

마크업(mark-up)법은 유통업에서 사용하는 가격결정법이다. 매입원가에 일정금액 혹은 일정비율의 마진을 더하여 판매가격을 결정한다.

예를 들어 매입원가가 10,000원인 보졸레 누보[26]에 마진 10,000원을 얹으면 판매가격은 20,000원이 된다. 이런 방법으로 판매가격을 결정하는 방법을 마크업 법이라고 한다.

---

26) Beaujolais Nouveau, 프랑스 부르고뉴 주의 보졸레 지방에서 매년 9월에 수확한 포도를 그해 11월까지 저장했다가 숙성시킨 뒤, 11월 셋째 주 목요일부터 출시하는 와인의 상품명이다.

가격을 어떻게 설정할까?

코스트플러스법(Cost plus)

주로 제조업에서 사용한다.
제조원가에 마진을 더한다.
절차가 간단한다.
안정된 이익을 얻을 수 있다.

마크업법(Mark-up)

주로 유통업체에서 사용한다.
매입원가에 마진을 더한다.
매출총이익이라고도 한다.
(금액과 비율의 양면으로 파악할 수 있다)
가격인하를 마크다운이라고 한다.

유통업에서는 마크업을 가리켜서 마진이라고도 한다. 마진은 금액과 비율이라는 양면에서 생각해볼 수 있다.

- 금액 마진 = 20,000원(판매가격) - 10,000원(원가) = 10,000원
- 비율 마진율(판매가격) = 10,000원(마진) ÷ 20,000원(판매가격) × 100% = 50%

그런데 크리스마스 시즌이 다가오면 잘 팔리던 보졸레 누보도 판매실적이 저조해진다. 그래서 판매가격을 1,700엔으로 인하했다고 가정하자. 이를 마크다운이라고도 하는데, 가격을 인하한 마진과 마진율(판매가격)은 다음과 같다.

- 금액 마진 = 17,000원(판매가격) - 10,000원(원가) = 7,000원
- 비율 마진율(판매가격) = 7,000원(마진) ÷ 17,000원(판매가격) × 100% = 41.2%

매입시점에서의 마진율(50%)을 초기마진율(初期마진율), 가격 인하 후의 마진율(41.2%)을 실현마진율(実現마진율)이라고 한다.

3. 코스트온 방식이란?

코스트온(cost on) 방식은 도매업체가 사용하는 가격결정법으로, 코스트플러스법의 일종이다. 공식으로 표현하면 다음과 같다.

판매가격 = 매입가격 + 비용 + 적정이익

① 매입가격: 제조업체로부터 매입한 가격

② 비용: 영업, 물류, 정보시스템 등에 든 필요경비

③ 적정이익: 기업을 유지하기 위해 필요한 이익

①번은 제조업체가 결정할 일이고 ③번은 도매업체가 결정할 일이다. 문제는 ②번의 비용을 제대로 파악할 수 있는 시스템을 갖추지 못한 도매업체가 많다는 점이다.

따라서 도매업체가 판매가격을 결정하기위해서는 먼저 회사를 운영하는 데 비용이 얼마나 드는지 정확히 파악해야 한다.

코스트온 방식에 의한 가격결정(도매업)

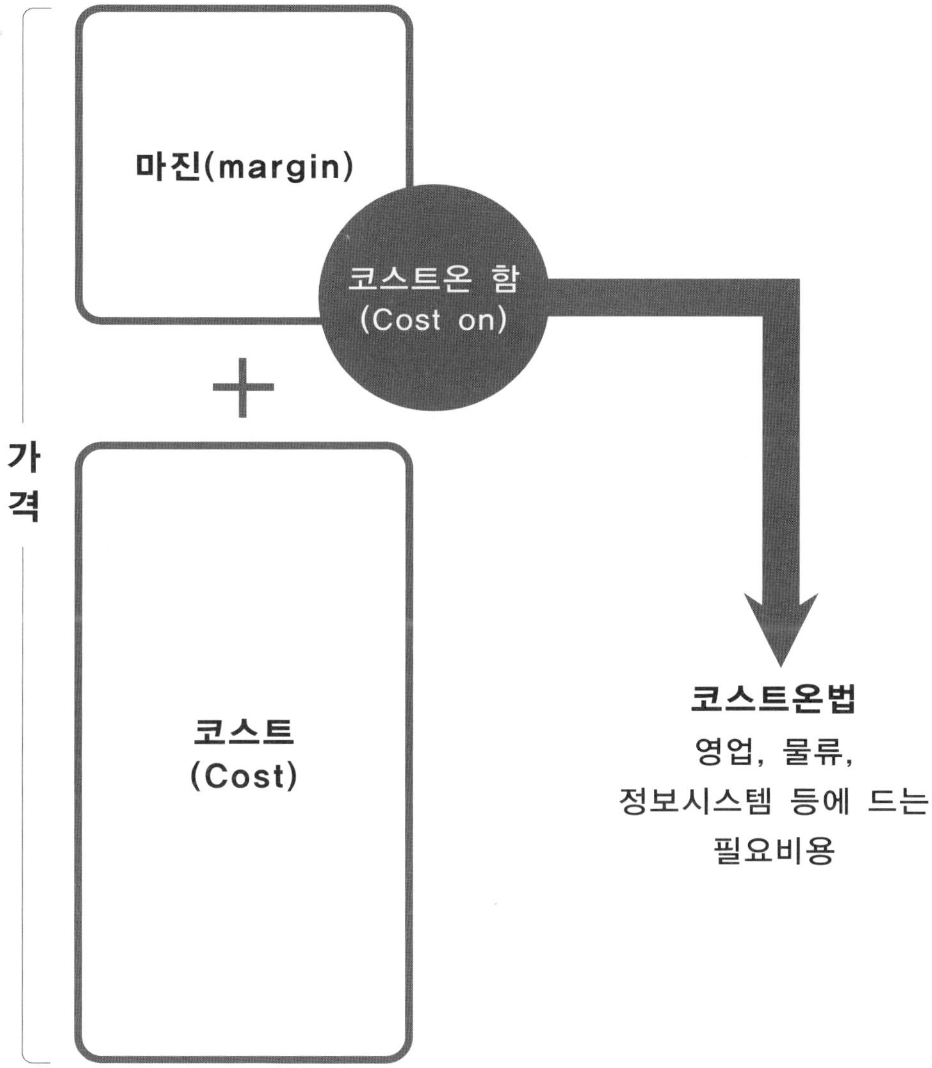

◉ 주로 도매업에서 사용한다.

◉ 코스트플러스법의 일종이다.

◉ 판매가격 = 매입가격 + 비용 + 적정이익

5 특가정책과 EDLP 정책의 차이

특가 판매 시 가격정책과 매일 싸게 파는 가격정책

1. 특가정책이란?

특가정책이란 이름 그대로 특가 판매 시의 가격, 즉 통상 판매가격보다 할인한 가격으로, 전단지나 이벤트 등 특별한 때에 실시하는 가격정책이다. 전단지나 이벤트가 종료되면 원래 가격으로 돌아가므로 특가판매정책을 '하이 앤드 로 프라이싱(High and Low Pricing)'이라고도 한다.

고객이 특가정책에 익숙해지면 특가로 저렴하게 판매할 때만 해당 상품을 구매하고, 비싸지면 구매하지 않게 된다. 이때 싸게 파는 상품만 구매하고 다른 정가상품은 사지 않는 고객을 '체리 피커(cherry picker)'라고 한다.

원가를 밑돌 정도로 가격을 낮게 설정한 상품을 로스리더(특가상품)라고 한다. 로스리더를 내세워 고객을 가게 안으로 끌어들여서 정가상품을 팔려는 전략이다. 최근에는 전단지 광고 효과가 서서히 떨어지고 있어서 새로운 판촉책이 시급하다.

2. EDLP 정책이란?

EDLP 정책이란 '에브리 데이 로 프라이스(every day low price)', 즉 매일 싸게 파는 가격정책이다. 현재 세계 제일의 매출을 자랑하는 월마트가 채택한 가격정책으로도 유명하다. 하이 앤드 로 프라이싱을 실시하면 싸게 팔 때만 사러오는 고객이 많아진다. 반면에 EDLP 정책은 매일 상품을 저렴하게 팔 테니 늘 와달라는 의도이다. 내점 고객 수의 평준화는 곧 점포 운영의 효율화로 이어진다.

EDLP 정책의 장점은 다음과 같다.

① 전단지를 배포할 필요가 없다.
② 가격표를 변경할 필요가 없다.
③ 점포운영을 표준화할 수 있다.
④ 브랜드 로열티 저하를 막을 수 있다.

반면에 EDLP 정책의 단점은 다음과 같다.

① 내점 동기를 부여하기 힘들다.
② 저비용 경영을 확립하지 못하면 EDLP 정책을 유지할 수 없다.
③ 일본의 소비자에게는 아직 낯설다.

하이 앤드 로 프라이스와 EDLP

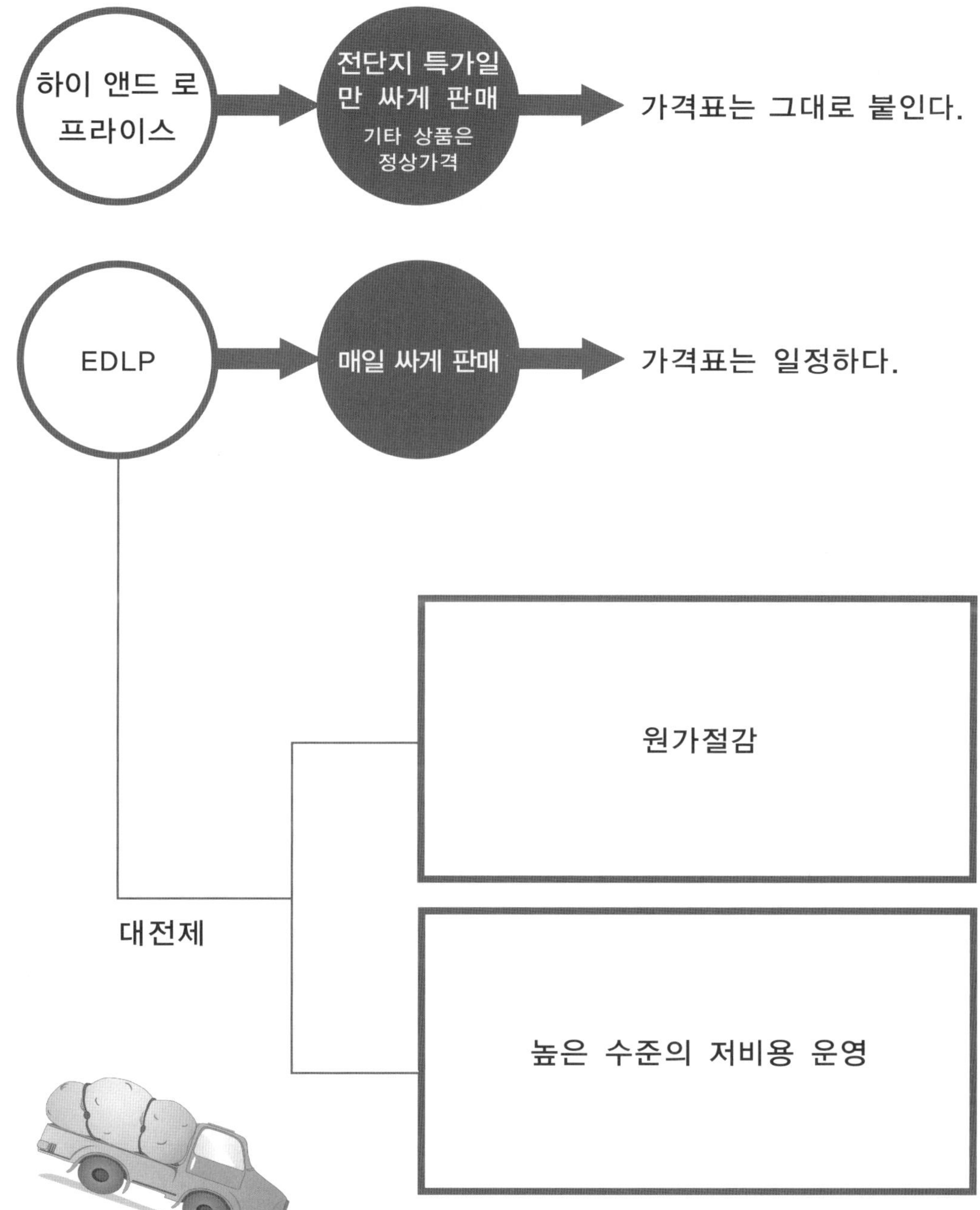

3. 원가절감과 저비용 운영이 전제

EDLP 정책을 채택하려면 원가절감과 높은 수준의 저비용 운영이 전제가 되어야 한다. EDLP 정책을 다른 말로 바꾸면 이익폭이 얇은 장사라고 할 수 있다. 따라서 이익폭이 얇더라도 이익을 충분히 올릴 수 있는 체제가 필요한데, 이를 해결하려면 원가를 절감하고 저비용으로 운영할 수 있어야 한다.

원가절감이란 상품의 개당 매입원가를 최저가로 끌어내리는 것이다. 상품의 폭을 철저히 좁혀서 한 아이템 당 취급 수량을 늘리면 매입원가도 내려가므로 원가를 절감할 수 있다.

원가절감을 위해 월마트는 제판동맹을 도입했다. 제판동맹(製販同盟)이란 제조업과 소매업이 손을 잡고 상품의 생산에서 판매까지의 과정을 효율화하여 소비자에게 시기적절한 상품을 제공하자는 시책이다. 일용잡화의 대형 제조업체인 피앤지(P&G)와 월마트의 제판동맹이 유명하다. 제판동맹이 성공하려면 정보를 공유해야한다는 조건이 필요하다. 소매업체는 자신의 POS 데이터를 제조업체에게, 제조업체는 생산 및 출하 데이터를 소매업체에게 실시간으로 제공하여 효율적으로 상품을 제공한다.

한편, 업무 표준화, 점포 운영의 효율화, 물량 평준화를 달성하면 판매관리비용을 절약할 수 있다. 물량 평준화를 위해서 월마트는 주요 물류거점에 크로스 도킹 센터(cross docking center)를 세우고, 제조업체로부터 배송된 제품을 물류 센터에서 장기 보관하지 않는, 크로스 도킹 시스템27)을 일찍부터 도입했다.

---

27) Cross Docking System, 상품이 열차나 트럭에서 회사 운송차량으로 곧바로 옮길 수 있도록 한 시스템으로 상품을 컨베이어벨트로 자동분류함으로써 신속하고 저렴한 배송이 가능하다.

EDLP는 어떤 장점과 단점이 있을까?

장점

- 전단지를 배포할 필요가 없다.
- 점포 운영을 표준화할 수 있다.
- 가격표를 변경할 필요가 없다.
- 브랜드 로열티 저하를 막는다.

단점

- 점포를 찾을만한 동기를 만들기 힘들다.
- 저비용 경영이 필요하다.
- 일본 소비자에게는 낯설다.

6 초기마진율과 실현마진율은 어떻게 다를까?

실현마진율은 초기마진율보다 적다.

1. 초기마진율이란?

마진은 Part 2에서 잠시 설명한 대로 판매가격과 원가의 차액을 가리킨다. 상품 매입당시 책정한 판매가격으로 파는 것이 가장 이상적이다. 그러나 장사를 하려면 상대가 있어야 하기 때문에 마음먹은 대로 팔리지 않을 경우도 있다. 이럴 때는 가격인하(할인, 프라이스 다운이라고도 한다.) 정책을 실시해야 한다. 그렇지 않으면 안 팔린 수량이 고스란히 재고로 남는다.

초기마진율이란 상품을 매입했을 당시에 책정한 마진율, 즉 매입단계의 마진율이다. 공식으로 표현하면 다음과 같다.

초기마진율 = 초기마진 ÷ 초기판매가 × 100(%)

즉, 초기마진율은 상품을 매입했을 당시의 마진을 초기판매가로 나눈 값이다. 예를 들면 1,000원에 매입한 상품에 500원이라는 마진을 책정하면 다음과 같다.

500원 ÷ (1,000원 + 500원) × 100(%) = 33.3%

1,000원에 매입한 상품에 500원의 마진을 붙이면 마진율은 50%가 된다고 어림짐작해서는 결코 안 된다. 또, 앞서 설명한 대로 초기판매가대로 팔리지 않으면 가격을 인하해야 한다. 가격을 인하하면 마진율도 당연히 바뀐다.

2. 실현마진율이란?

실현마진율이란 최종적으로 상품을 판매했을 때의 마진율을 가리킨다. 실현마진율을 공식으로 표현하면 다음과 같다.

실현마진율 = 실현마진 ÷ 실현가격 × 100(%) = (초기마진 - 가격인하액) ÷ (초기판매가 - 가격인하액) × 100(%) = 초기마진율 - 가격인하율

즉, 실현마진율은 초기마진에서 가격을 인하한 만큼 뺀 금액을 최종판매가로 나눈 값이다. 공식에서도 알 수 있듯이 실현마진율은 초기마진율보다 작다.

초기마진율과 실현마진율 공식

마진 = 판매가와 원가의 차액

초기마진

÷

초기판매

×

100(%)

=

초기마진율

상품을 매입했을 당시의 마진율

초기마진 – 가격인하액

÷

초기판매가 – 가격인하액

×

100(%)

=

실현마진율

최종적으로 상품을 판매했을 당시의 마진율

다음 사례에서 초기마진율과 실현마진율의 관계를 되짚어 보자.

매입원가 500원

초기판매가 800원

초기마진 300원

가격인하액 100원

① 초기마진율 = 300원 ÷ 800원 × 100% = 37.5%

② 실현마진율 = (300원 - 100원) ÷ (800원 - 100원) × 100% = 28.6%

초기마진율이 37.5%였던 상품의 가격을 100원 인하하자 실현마진율이 28.6%로 줄어들었다.

3. 가격인하손실

앞의 사례에서도 확인한 것처럼 가격인하는 점포에 마진율 감소라는 영향을 끼친다. 따라서 가급적이면 가격은 인하하지 않는 편이 좋다. 그러나 어쩔 수 없이 가격을 인하해야할 때도 있기 마련이다. 충분히 예상한 가격인하라면 괜찮지만, 그렇지 않은 경우는 가급적 피해야 할 것이다.

가격인하가 발생하는 이유를 들어보면 다음과 같다.

- 과잉발주
- 과잉매입
- 수요예측 실패
- 환경 변화
- 판매원의 판매동기 부여 실패
- 매장 문제

이 중에서 과잉발주, 과잉매입, 수요예측 실수, 환경변화는 상품의 매입과 관계되는 요인으로 가격인하와 매입이 얼마나 깊은 관계에 있는지 알 수 있다.

초기마진율과 실현마진율의 차이를 그림으로 표현하면 105쪽 그림과 같다.

초기마진율과 실현마진율의 차이

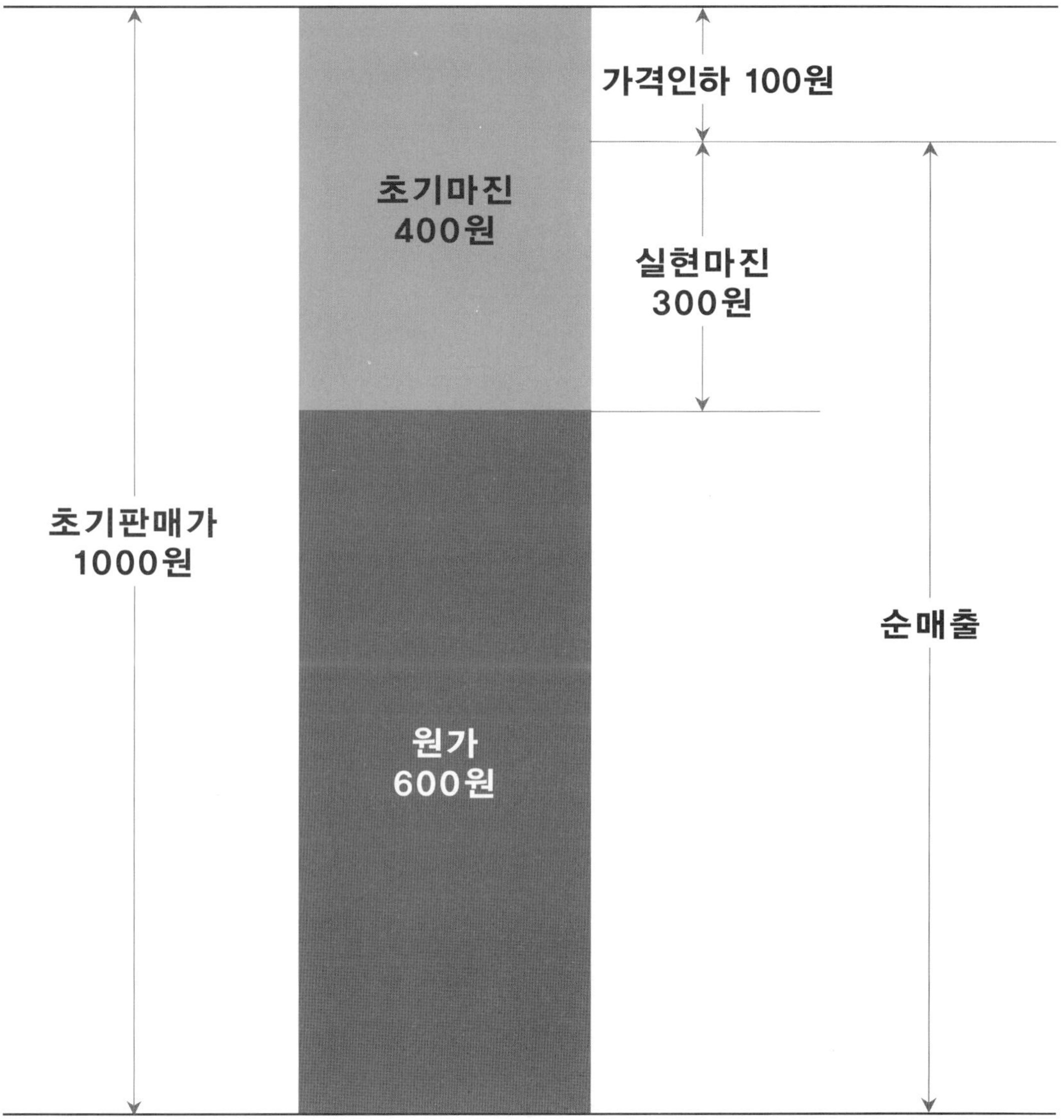

$$초기마진율 = \frac{400원}{1000원} \times 100 = 40\%$$

$$실현마진율 = \frac{300원}{900원} \times 100 = 33.3\%$$

7 프라이스라인과 프라이스존

취급하는 상품군 전체에서 이익 극대화를 노린다.

1. 프라이스존이란?

프라이스존(price zone, 가격대)은 취급상품의 가격, 즉 하한선에서 상한선까지를 말한다. 예를 들면 최저가격이 980원이고, 최고가격이 5,980원인 상품의 프라이스존은 5,000원(5,980원－900원＝5,000원)이다. 필자가 자주 가는 정식집의 런치 메뉴는 700원에서 1,200원까지 있으므로 프라이스존은 500원이다. 상품의 프라이스존은 머천다이징 정책에도 매우 중요한 전략적 요소이다.

2. 프라이스라인이란?

프라이스라인(price line, 가격선)은 프라이스존 내의 가격선, 예를 들면 1,900원, 2,900원, 3,900원, 4,900원, 5,900원 등을 말한다. 이 경우 다섯 가지 가격선이 있다는 뜻이 된다. 프라이스라인이 지나치게 많으면 소비자는 어느 가격대를 골라야 할지 결정하기 어렵다. 반면에 100원 숍은 전 상품의 프라이스라인이 균일한 매우 특이한 사례이다.

3. 프라이스포인트

프라이스포인트(price point)는 프라이스존 내의 중심가격(예를 들면 2,980원)을 말한다. 즉, 동일 상품 중에서 판매수량 및 진열수량이 가장 많은 상품군을 가리킨다. 그래프로 표현하면 107쪽 그림과 같다.

PF(Price Face) 그래프

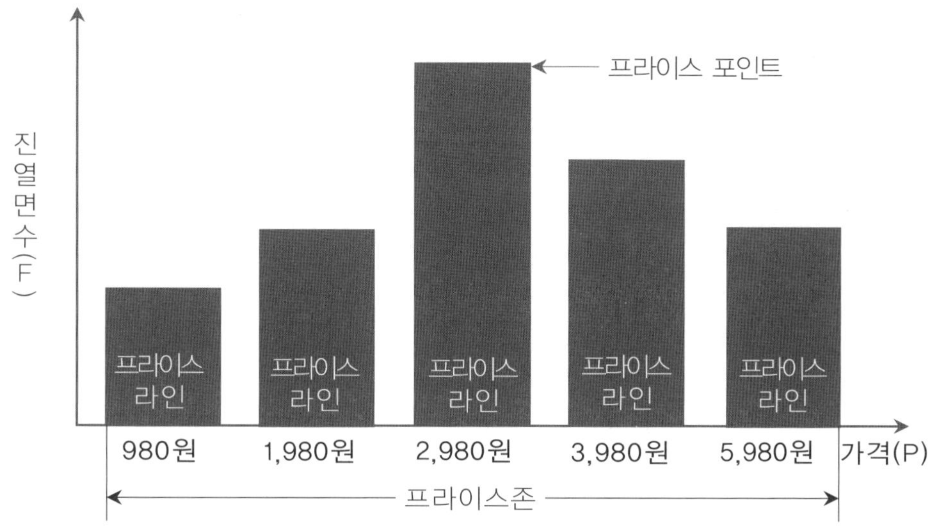

4. 프라이스라이닝 전략

프라이스라이닝(price lining) 전략은 가격선 전략이라고도 한다. 상품 믹스를 고려한 가격정책의 일종이다. 프라이스라이닝 전략은 다품종 상품을 판매하는 데 있어서 개개의 상품에 개별적인 가격을 설정하는 게 아니라 취급하는 모든 상품군의 이익을 극대화하기 위한 가격을 설정하는 데 유효하다.

소비자의 입장에서는 가격선이 여러 개로 나뉘어 있으면 자신의 가치판단과 일치하는 가격대의 상품을 쉽게 고를 수 있다. 하지만 거꾸로 실세가격[28]을 잘 모를 때는 선택에 어려움이 있다. 예를 들어, 와이셔츠나 넥타이, 상품권과 같은 상품은 3,000원, 5,000원, 7,000원, 10,000원처럼 여러 가격선으로 분류하여 판매한다. 한 상품에 여러 가격선이 존재하면 소비자는 자신이 바라는 가격의 상품을 고르면 된다.

일본의 초밥집에서 예전부터 사용된 '마쓰(松, 최고급), 다케(竹, 고급), 우메(梅, 보통)'는 최고의 프라이스라이닝 전략이라 하겠다. 프라이스라이닝 전략은 소매업뿐 아니라 서비스업에서도 자주 채택하는 가격전략이다.

28) 實勢價格, 현금 정가와는 다르게 소매점이 실지로 소비자에게 파는 가격, 실매가격이라고도 한다.

8 NB상품과 PB상품은 어떻게 다른가?

상표에는 식별, 출소표시, 품질보증, 광고선전 기능이 있다.

1. 상표의 의의

AMA(미국 마케팅 협회)는 상표(브랜드)란 '특정 판매자 혹은 판매 그룹의 상품 및 서비스를 식별하고 경쟁사의 상품과 구별하기 위해 의도적으로 설정한 명칭, 기호, 심볼, 디자인 혹은 이들의 조합'이라고 정의한다.

상표에는 다음과 같은 기능이 있다.

① 식별기능 = 자사제품과 타사제품을 구별하는 기능

② 출소표시기능 = 어떤 기업이 제조하고 있는지를 표시하는 기능

③ 품질보증기능 = 품질을 보증하는 기능

④ 광고선전기능 = 상품(상표, 브랜드)의 선전기능

2. NB상품이란?

NB상품은 내셔널 브랜드(National Brand)의 약자로 제조업체가 소유하는 상표(브랜드)를 가리킨다. 최근에는 상표도 무형자산이라는 브랜드 자산론(Brand Equity)이 대두되고 있다.

브랜드 자산론은 상표의 기능 중 ③의 품질보증기능과 ④의 광고선전기능에 주력한 사고방식으로, 소니(Sony)나 코카콜라(Coca-Cola) 등이 대표적인 사례가 되겠다.

제조업체는 자사의 강한 브랜드력으로 유통채널을 자신에게 유리하게 컨트롤하려고 한다. 반면에 대형 유통업체는 NB상품에 대항하는 PB상품을 개발하여 채널리더로서의 지위를 확보하려고 한다. 최근에는 제조업체와 대형 소매업체가 '전략적 동맹'을 맺고 제조업체 이름과 소매업체 이름이 같이 들어간 '더블 찹(Double Chop, 공동개발 브랜드)'을 만드는 움직임도 활발히 전개 중이다.

상표의 기능

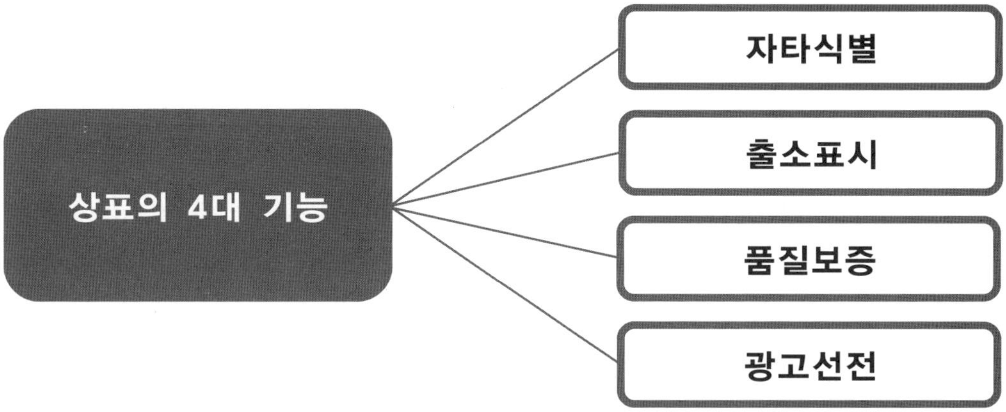

소매업이 PB(private brand)상품을 개발했을 때의 장점과 단점

장점

다른 회사와의 차별화
매출총이익율을 높이 설정

단점

실패했을 때의 위험
NB상품과 나란히 판매하므로 소비자에게 혼란을 야기

3. PB상품이란?

PB상품이란 자체 브랜드(Private Brand) 상품의 약자로, 도매업체나 소매업체가 소유한 상표(브랜드)이다. 소매업체가 소유하는 브랜드를 특별히 구분하여 스토어 브랜드(Store Brand)라고 부르기도 한다. PB상품은 일정 규모 이상의 체인스토어가 판매력을 배경으로 제조업과 공동으로 상품을 개발하여 소매업의 브랜드력으로 판매한다.

PB상품은 소비자의 저가지향과 PB상품의 상품력 진보 덕분에 나날이 확대되고 있다. PB상품은 식품, 일용품, 의류, 가전제품 등 다양한 분야로 확대되고 있다. 최근에는 편의점 체인처럼 PB상품 매출 구성비가 반수 이상을 차지하는 사례도 나오기 시작했다.

4. 소매업의 PB상품개발 장점

소매업이 PB상품을 개발하면 다음과 같은 장점이 있다.

① 경쟁 소매업체와의 차별화를 꾀할 수 있다.
② NB상품에 비해 매출총이익율을 높게 설정할 수 있다.

반면에 소매업이 PB상품을 개발했을 때의 단점은 다음과 같다.

① 실패했을 때 소매업체가 위험을 부담해야 한다.
② NB상품과 PB상품을 병행하여 판매하게 되므로 소비자에게 혼란을 일으킬 수 있다.

최근 대형 소매업체는 PB상품 개발을 서두르고 있다. 주된 이유는 111쪽에 들어둔 것처럼 경쟁 소매업체와의 차별화이다. 점포가 동질화되는 가운데 PB상품으로 차별화를 꾀하자는 것이다. 예를 들면 일본의 GMS(general merchandise store, 종합 소매업) 중 최대 규모를 자랑하는 이온그룹(イオングループ)[29]은 '톱밸류(TOPVALU)'라는 자사 브랜드 개발에 힘을 쏟고 있다.

PB상품은 NB상품에 대항하여 생산 및 판매하는 상품이므로 전량 직매입 형태를 띠는 리스크 머천다이징의 전형적인 상품이라고 할 수 있다. PB상품을 생산하는 제조업체 측 장점은 다음과 같다.

① 일정수량의 판매가 보장되므로 생산라인의 가동률을 높일 수 있다.
② 매출이 안정된다.

---

29) AEON Co., Ltd., 1989년 저스코 그룹(Jusco Group)에서 이온그룹으로 사명 변경. 현재 국내외 약 140여개 기업으로 구성된 대형유통그룹으로 GMS, SM, 편의점(미니스톱) 사업에 역점을 두고 있다.

PB상품 개발

이온 그룹 → 톱 밸류

세븐 & 아이 홀딩스 그룹 → 세븐 프리미엄

NB상품에 대항 ▶▶▶ PB상품

◉ 점포 동질화에 따른 경쟁업체와의 차별화
◉ 전량 직매입하는 리스크 머천다이징의 대표 상품

편의점 PB상품의 대표주자 '패스트푸드'

패스트푸드 29.9% 쌀밥, 면류, 조리빵, 샐러드, 반찬, 어묵 등
매주 신상품 약 100품목
연간 교체상품 약 70%

PART **4**

전략적으로 상품을 관리하려면

기업의 관점에 서서 고객기본욕구에 정확히 대응한다.

1. 전략적 상품관리로 적정이익을 확보
2. 카테고리 매니지먼트로 쇼핑하기 쉽게
3. 실지재고조사로 수량과 금액 확인
4. 인기상품의 기준을 설정하여 상품구색
5. 매출도 올리고 활기도 주는 신상품 도입
6. 부문별 관리와 함께 단품별로도 관리
7. 상품 라이프사이클을 알아내어 상품 갖추기

1 전략적 상품관리로 적정이익을 확보

목표고객의 요구충족과 적정이익의 두 가지 관점에서 상품을 관리한다.

1. 전략적 상품관리의 목적

전략적 상품관리의 목적은 고객의 기본욕구에 적확히 대응함으로써 점포의 적정이익을 확보하자는 데 있다. 상품관리는 고객의 관점에서 '목표고객의 욕구충족'과 기업의 관점에서 '적정한 이익 확보'라는 두 가지로 나누어 생각할 필요가 있다. '목표고객의 욕구충족'을 실현하려면 고객의 기본욕구에 부응하는 상품을 갖추어 고객만족도를 높여야 한다.

반면에 '적정한 이익 확보'는 상품을 제대로 관리하면 점포에게 적정한 이익을 가져다준다는 뜻이다. 전략적으로 상품을 관리한다는 것은 곧 목표로 삼은 고객의 기본욕구를 파악하고 그에 맞는 상품을 제공하여 점포의 적정이익 확보로 이어진다.

2. 목표고객의 기본욕구를 파악

적절한 상품관리는 곧 목표고객이 바라는 상품을 얼마나 제대로 갖추었는가를 뜻한다. 고객의 구매행동을 파악하면 매일 달라지는 재고량을 산출해낼 수 있다. 소비자의 구매행동에 맞추어 매입수량과 재고수량을 적절히 유지하는 일이 결과적으로 표적고객의 기본욕구에 부응하는 일이다.

예전에는 소비자를 십인십색(十人十色)이라고 했다. 그러나 최근에는 일인십색(一人十色)으로 바뀌었다.

초고가 명품 가방을 사는 사람이 식품을 살 때는 1엔이라도 저렴한 상품을 찾기도 한다. 소비자는 같은 쇼핑이라도 장면에 따라 태도를 바꾼다. 마케터는 유행에 휘둘리지 않는 소비자가 늘어서 괴롭겠지만, 그렇다고 소비자에게 불만을 토로할 수도 없는 문제이다.

소비자의 기본적인 욕구를 만족시키지 못한 상품을 다루면 고객의 욕망을 채우지도 못할 뿐더러 적정한 이익도 누리지 못한다.

전략적 상품관리의 목적

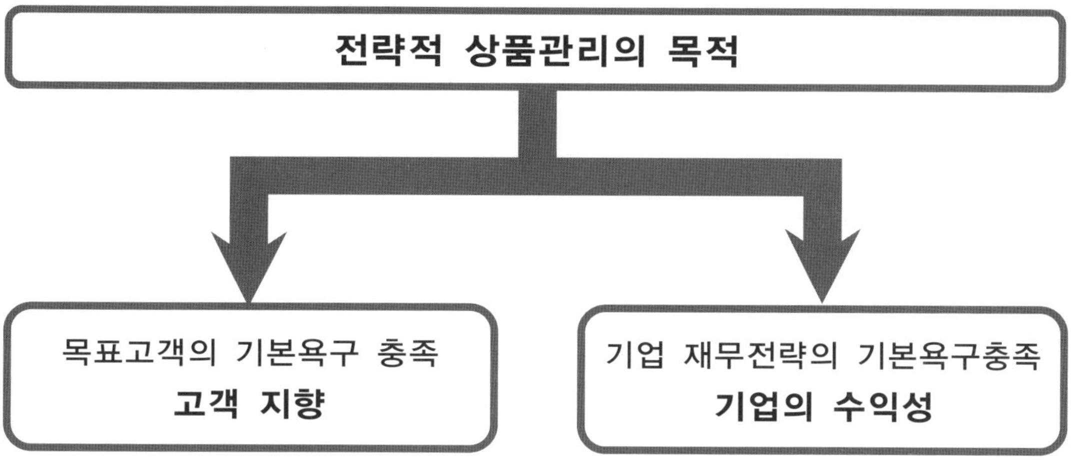

3. 적정한 이익확보

모든 영리기업의 목적은 이익 증대이다. 적정한 이익을 확보해야, 사원도 고용하고 세금도 납부하며 지역 사회활동에도 공헌할 수 있다. 반드시 필요한 목적 중 하나이다.

이익률만 본다고 적정한 이익을 확보할 수 있는 건 아니다. 회전율에도 주력해야 한다.

상품을 적절히 관리하여 상품회전율을 높이고 이익을 증대시킨다. 구체적으로 살펴보면 먼저 과잉재고를 처분하여 재고회전율을 높여야 한다. 그래야 재고관리에 균형이 생기고 매출이 늘어서 가격인하를 줄일 수 있으며, 더욱 큰 이익을 확보하는 데도 도움이 된다.

2 카테고리 매니지먼트로 쇼핑하기 쉽게

소비자 관점에서 상품군을 재구성한다.

1. 카테고리 매니지먼트란?

공통의 특성을 지닌 상품군을 카테고리라고 한다. 카테고리 매니지먼트는 소비자의 입장에서 상품을 재구성하는 일이다. 종래의 매장 상품분류는 지금에 비하면 엉성한 편이었는데, 그 중에서도 맥주나 음료수 등은 특히 심했다. 이래서는 소비자의 구매행동을 적확히 파악하지 못한다. 이를 개선하여 350㎖들이 캔과 500㎖들이 페트병 음료(카테고리)라는 전략단위로 상품군을 재구성하는 것이 바로 카테고리 매니지먼트이다.

카테고리 매니지먼트는 현재의 매장이 소비자가 쇼핑하기 불편하다는 가설 하에 실시한다. 소비자가 쇼핑하기 편하려면 상품을 어떻게 분류해야 할까? 어떻게 하면 일괄구매로 유도할 수 있을까? 바로 여기에 주안점이 있다.

카테고리 매니지먼트는 미국의 식품업계가 중심이 되어 ECR의 가장 핵심적인 존재로 자리매김하면서 널리 보급되었다. ECR(Efficient Consumer Responser)이란 상품구색·판매촉진·신상품 개발의 효율화로 소비자에게 적극적으로 대응하자는 전략이다.

카테고리 매니지먼트는 다음의 네 가지 사고방식에 바탕을 두고 있다.

① 소비자에게 가치를 제공함으로써 경영성과를 실현할 것

② 카테고리를 관리의 기본 단위로 삼을 것

③ 전략적 사업단위(Strategic Business Unit, SBU)로 카테고리를 관리할 것.

④ 소매업체와 서플라이어(공급업체)가 협동하여 소비자가 쇼핑하기 쉬운 매장을 만들 것.

카테고리 매니지먼트는 단순히 매장의 판촉기술이나 매장 담당자의 머천다이징 기법이 아니다. 소매업의 기본적인 경영관리 기법, 조직개발과 차별화 전략을 실시하기 위한 계획이다. 제조업체와 소매업이 협동하여 최적의 상태로 상품을 진열하여 소비자의 만족을 얻어내고, 소매업의 이익을 극대화하려는 시스템이다.

POS 시스템이 보급되고 단품관리 기능이 가능해진 지금, 카테고리 매니지먼트가 다시 주목받고 있다.

카테고리 매니지먼트의 사고방식

소비자의 구매행동을 정확히 파악하지 못한다.

소비자가 쇼핑하기 쉬운 매장이 아니다.

카테고리 매니지먼트(Category Management)

소비자에게 가치를 제공하여 경영성과를 실현한다.

SBU(전략적 사업단위)로써의 카테고리를 관리한다.

카테고리를 관리의 기본단위로 삼는다.

소매업과 제조업이 협동한다.

소비자가 찾기 쉬운 상품분류로 쇼핑하기 편한 매장을 만든다.

2. 카테고리 매니지먼트 보급의 배경

상품관리를 단계별로 분류하면 부문별관리, 카테고리 관리, 단품관리의 순서이다. 최근 들어 단품관리라는 개념이 널리 보급되면서 카테고리 매니지먼트도 다시 주목받게 되었다. 역설적이긴 하지만, 단품관리가 보급될수록 모든 상품을 단품으로 관리하는 일이 얼마나 큰일인지 알게 된다. 조금 더 큰 단위로 상품을 관리하고 점포의 이익을 극대화하는 방법이 없을까 고민하던 차에 카테고리 매니지먼트가 주목받게 된 것이다.

3. 카테고리 매니지먼트 도입 단계

카테고리 매니지먼트는 119쪽 그림처럼 여덟 단계로 나눌 수 있다. 이 중에서 두 번째의 '카테고리 정의', 세 번째의 '카테고리 역할'을 정하는 일이 카테고리 매니지먼트의 성패를 좌우하는 중요한 요소이다.

4. 가설 수립 · 실행 · 검증

카테고리 매니지먼트를 도입하는 데에는 앞서 설명한 것처럼, 계획이라는 단계 없이는 감히 논할 수 없다. 구체적인 작업 계획으로 들어서서 가설, 검증의 단계를 반복하는 일이 가장 중요하다. 대형 소매업체는 정밀한 POS 데이터를 보유하고 있다. POS 데이터는 카테고리 내 최고의 제조업체에게 제공하기도 하고, 여기에 근거하여 상품 진열구성도 계획한다. 이 때 상품 진열구성 계획은 단품별 판매계획과 연결하여 가설과 검증을 실시한다.

카테고리 매니지먼트의 도입단계

전략결정
고객을 설정하기 위해 시장 데이터를 활용한다. 시장 데이터에 따라 고객, 경쟁사 및 자사를 평가하여 머천다이징 전략을 확정짓는다.

↓

카테고리 정의
소비자의 관점에서 카테고리 구분을 결정한다.

↓

카테고리 역할
카테고리 별로 소비자에게 역할을 명확히 한다. 예를 들면 매일 사용하는 소모품 카테고리, 특정 취미와 관련된 상품을 모두 갖춘 카테고리 등, 역할을 정한다.

↓

카테고리 평가
시장 데이터를 바탕으로 고객이 중요하게 여기는 카테고리인지 평가한다.

↓

평가지표 규정
카테고리 계획을 평가하기 위해, 소비자의 관점에서 지표를 결정한다. 예를 들면 구매객수, 카테고리 시장 점유율, 고객구매율 등 정량적 데이터이다.

↓

카테고리
카테고리를 강화하는 전략을 세운다. 내점촉진, 구매량 확대, 경쟁사 대책 등 상품속성에 따라 달라야 한다.

↓

전술
카테고리 상품구성, 가격구성, 판매촉진 등의 전술을 세운다.

↓

평가
카테고리 매니지먼트 시스템을 평가하여 경영진을 포함한 관계자 전원에게 피드백한다.

출처: ECR Europe, The Essential Guide to Day-to-Day Category

3 실지재고조사로 수량과 금액 확인

매출원가를 결정하고 머천다이징을 평가한다.

1. 실지재고조사란?

실지재고조사는 매장에 진열한 상품을 일일이 세면서 수량과 금액을 매기는 일이다. 실지재고조사는 장부재고조사에 대응하는 개념이다. 또한 Part 2의 6항에서 언급한 것처럼 소매점에게는 매우 중요한 업무이다. 왜냐하면 실지재고조사는 학교로 치면 기말고사에 해당하는 것으로 실지재고조사로 점포의 머천다이징 정책이 성공했는지 여부를 판단할 수 있기 때문이다.

실제로 상품을 세지 않으면 있어야할 재고(장부상 재고)와 실제 재고 사이에 차이가 불명확해져 상품과 재고를 제대로 관리할 수 없게 된다.

실지재고조사의 목적은 다음의 두 가지를 꼽을 수 있다.

① 기말 재고량을 확정하고 매출원가를 결정한다.

② 머천다이징을 평가한다.

2. 매출원가 확정

실지재고조사는 매출원가를 확정하는 데 빠뜨릴 수 없는 업무이다. 매출원가는 다음의 공식으로 나타낸다.

매출원가 = 기초 상품재고액 + 당기 상품매입액 – 기말 상품재고액

이 중에서 기초 상품재고액은 전기말 상품재고액 수치를 그대로 대입한다. 반면에 당기 상품매입액은 매입전표의 원가를 합계하여 계산한다. 따라서 기말 상품재고액이 산출되면 매출원가를 계산할 수 있다. 기말 상품재고액을 확정지으려면 실지재고조사가 반드시 필요하다.

이상에서 산출된 매출원가로 다음의 공식에 따라 매출총이익을 계산할 수 있다

총매출이익(매출총이익) = 매출액 – 매출원가

월차결산을 하는 소매업은 월말에 정확한 이익을 산출하기 위해서 실지재고조사를 실시하여 매출원가를 확정짓고, 총매출이익을 산출하는 순서를 밟아야 한다.

실지재고조사를 하는 이유

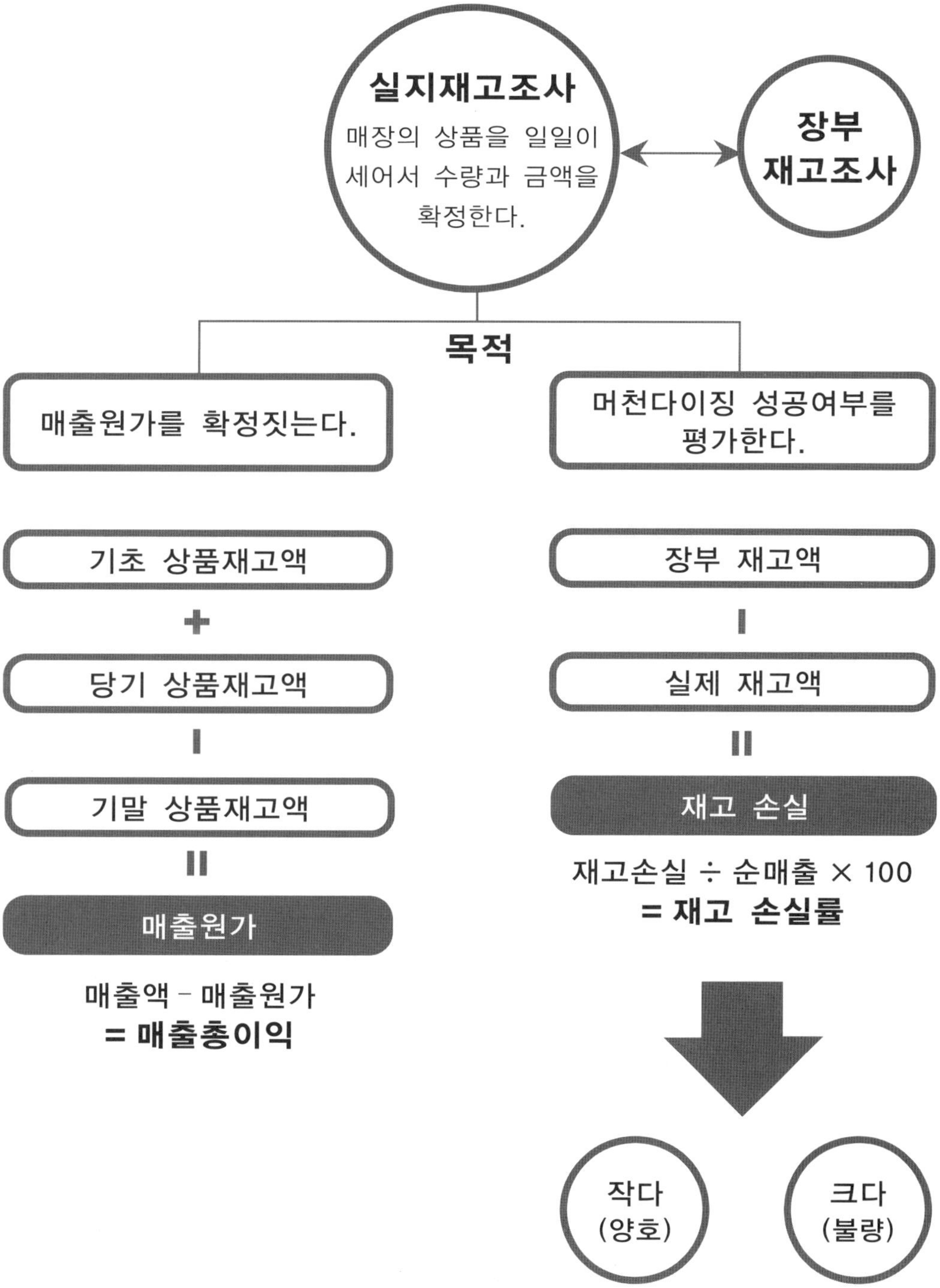

3. 머천다이징을 평가한다.

실지재고조사로 머천다이징을 평가할 수 있다. 장부 재고조사와 실제 재고의 차액을 재고감모손(재고손실)이라고 한다.

공식으로 표현하면 다음과 같다.

재고감모손(재고손실) = 장부재고량 - 실제 재고량

재고손실율 = 재고감모손(재고손실) ÷ 순매출 × 100

재고손실율이 적은 점포는 머천다이징 정책이 제대로 실시되는 중이라는 뜻이다. 반면에 재고손실율이 큰 점포는 머천다이징 정책이 제대로 실시되지 않는 중이라는 뜻이다. 대형 편의점 체인 중에는 재고손실율을 1%미만으로 설정하는 기업도 있다.

4. 실지재고조사 횟수를 늘린다.

실지재고조사는 결산이 목적일 경우 연 1회 정도, 중간결산도 포함한다면 연 2회 정도 실시하는 게 바람직하다. 그러나 머천다이징 정책을 평가하려면 연 1, 2회만으로는 부족하다. 매월 결산하는 점포라면 매월 실시하는 것이 가장 좋겠지만, 시간과 수고를 생각한다면 그럴 수만도 없다.

그렇다면 어떻게 해야 할까? 부분 재고조사 혹은 순환 재고조사를 실시한다. 전체 매장에서 재고조사를 실시하는 게 아니라 일부 매장만 재고조사를 실시하는 것을 부분 재고조사라고 한다. 재고조사를 실시할 때마다 실시장소를 바꾸면 순환 재고조사가 된다.

실지재고조사는 매장에 직접 가서 상품을 낱개로 확인하는 것이므로 선도가 끊긴 상품 유무, 매장 청결문제, 재고 과부족 유무 등으로 머천다이징 정책이 성공했는지 여부를 알 수 있다. 실지재고조사를 사원 교육의 일환(매장의 상품에 관심을 갖게 하고 외우게 한다.)으로 활용하는 편의점 체인도 있다.

실지재고조사 횟수를 늘린다.

실지재고조사
매장에 서서 상품
하나하나를 확인한다.

부분재고조사
일부 매장만 재고를 조사한다.

순환재고조사
재고를 조사할 때마다 실시
장소를 바꾼다.

- 선도가 끝난 상품
- 매장 청결
- 과잉재고 유무 등

머천다이징 성공 여부를 알 수 있다.

실지재고조사

실지재고조사란 단말기를 목에 걸고 상품을 일일이 세는 일.

4 인기상품의 기준을 설정하여 상품구색

판매량, 판매율, PI값, ABC 분석으로 인기상품을 발견한다.

1. 인기상품을 갖춰야 하는 이유

나중에 다시 언급하겠지만, 상품의 라이프사이클이라는 관점에서 볼 때 인기상품이란 성장기 상품이라고도 할 수 있다. 인기상품은 성숙기 상품인 '판매호조 상품'이나 쇠퇴기 상품인 '매출부진 상품'과 구별하여 사용한다.

그렇다면 반드시 인기상품을 갖춰야 하는 이유는 뭘까? 인기상품이 거의 없는 매장을 한번 떠올려보자. 여러분은 인기상품이 없는 매장이나 점포에 쇼핑하러 가겠는가?

아마도 가고 싶지 않을 것이다. 인기상품을 갖추는 일은 무엇보다 고객을 위해서이다. 고객으로 꽉 찬 매장에 활기가 넘치고 각종 상품이 풍부하게 진열돼 있고 마치 상품이 고객에게 말을 거는 듯한 분위기라면 아마 고객도 설렐 것이다.

2. 인기상품 발견법

인기상품이라는 말은 추상적인 표현이다. 인기상품에 구체성을 가미해야 한다. 이는 인기상품의 '기준'을 설정하라는 뜻이다. 방법은 다양하므로 한 가지 기준만 사용할 게 아니라 여러 가지를 종합하여 결정한다.

(1) 주간판매량

상품 카테고리별로 일주일간 판매량으로 인기상품을 결정하는 방법이다. 판매량이 기준치를 밑돌기 시작하면 인기상품에서 제외시킨다.

(2) 판매율

앞서 언급한 대로 판매율은 매입수량과 판매수량의 백분율이다. 판매율이 70%이상 되면 인기상품이라는 식의 기준을 만들면 된다.

인기상품을 발견하려면

인기상품의 기준

주간판매량
- 상품 카테고리별 일주일간 판매량으로 결정한다.

판매율
- 매입수량과 판매수량을 비교한다.
- '70%이상' 등의 기준을 설정한다.

PI(purchase incidence)값
- 고객 천 명당 판매수량, 판매금액
- 백분율은 수치가 지나치게 대략적이다.

ABC분석
- 누계판매구성비의 70%까지를 A급으로 정한다.
- 70~90%를 B급, 나머지를 C급으로 나눈다.

(3) PI(purchase incidence)값

PI값이란 고객 천 명당 판매수량, 판매금액을 가리킨다. 단품단위로 카테고리 내 상품의 판매상황을 분석할 때 백분율은 지나치게 대략적이므로 정확성을 기하기 위해 천 명당 수치로 계산한다. PI값이 높은 상품은 고객의 지지율이 높다는 뜻이므로 인기상품이라고 하겠다.

(4) ABC 분석

ABC분석은 인기상품 분석에서 가장 일반적인 방법이다. 127쪽 그림처럼 상품의 단위명을 가로축으로 놓고 왼쪽부터 매출이 큰 순서대로 상품을 배치한다.

개개의 상품의 매출구성비를 블록화하고 누계매출 구성비의 70%까지를 A급, 70~90%까지를 B급, 나머지를 C급으로 나누고, A급을 인기상품으로 본다. 각 급의 경계선인 70%, 90%에는 특별한 기준이 있는 것은 아니므로 점포에서 독자적으로 결정해도 된다.

이와 관련하여 전체 상품의 20%가 매출의 80%를 차지한다는 파레토 법칙이 유명하다. A급 상품만을 중점적으로 관리하면 점포 매출의 70~80%를 관리하는 셈이 된다.

3. 쇠퇴기상품 걸러내기

ABC분석을 응용하면 C급 상품은 쇠퇴기 상품이 된다. 그렇다고 C급 상품을 무조건 걸러내는 게 능사는 아니다.

C급 상품에는 매장에 막 도입한 신상품도 있으므로 단품별로 시계열 데이터를 분석하여 쇠퇴기 상품으로 걸러낼지 결정한다.

ABC분석 실시

매출액을 ABC로 분석하여 인기상품을 파악한다.

파레토 법칙

전체 판매실적의 상위 20%를 차지하는 상품이 전체 매출의 80%를 차지한다.

→ A급 상품만 중점적으로 관리하면 매출의 70~80%를 관리하는 셈이다.

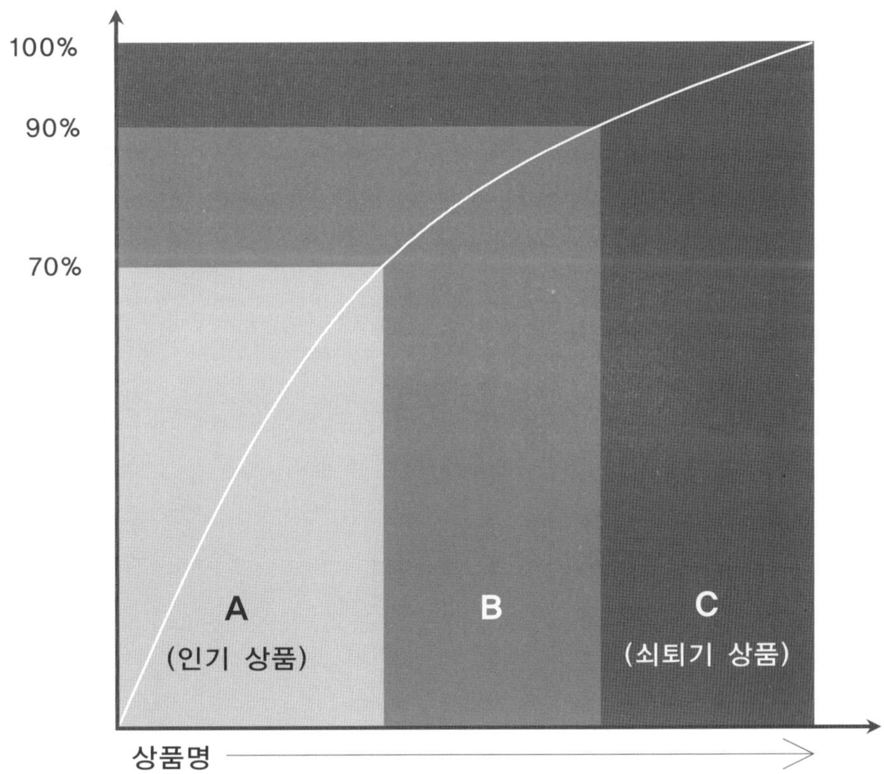

왼쪽부터 매출액이 큰 순서대로 배치한다.

A급: 70%까지

B급: 70~90%

C급: 90~100%

5 매출도 올리고 활기도 주는 신상품 도입

신상품 도입률이 높은 점포가 매출 신장률도 틀림없이 높다.

1. 신상품 도입의 필요성

신상품은 상품의 라이프사이클에서 봤을 때 도입기 상품에 해당한다. 그러나 신상품을 도입한다고 반드시 매출이 신장되는 것은 아니라서 생각만큼 매출이 오르지 않는 신상품도 있다. 그렇더라도 신상품 도입을 두려워해서는 안 된다. 신상품 도입에는 다음과 같은 의의가 있으므로 더욱 적극적으로 임해야 한다.

(1) 매출이 는다.

신상품을 어느 점포보다 빨리 진열하면 틀림없이 매출은 는다. 신상품은 도입 첫 주, 둘째 주가 승부처이다. 어디보다도 먼저 도입해야 한다. 대형 편의점 체인에서는 매주 100 여개가 넘는 아이템이 소개된다.

모든 신상품을 도입하기는 불가능하지만, 신상품 도입률이 높은 점포와 낮은 점포를 매출 경향 면에서 비교해보면 신상품 도입률이 높은 점포가 매출신장률 역시 높다. 고객은 신상품 정보에 민감하며 신상품을 제일 먼저 도입하는 점포를 선호하는 경향이 있기 때문이다.

(2) 매장에 활기가 넘친다.

신상품을 도입하지 않은 매장은 활기가 없다. 고객은 신상품이라는 물건과 함께 정보도 구매하기 때문이다. 항상 신상품을 도입하고 있다는 '정보'를 제공하여 매장에 활기를 불어넣자.

왜 신상품을 도입하는가?

매출을 올린다.

- 어느 점포보다도 먼저 진열한다.
- 도입한 1~2주에 판가름 난다.
- 신상품 도입율이 높은 점포가 매출 신장율도 분명히 높다.

신상품 도입

- 신상품을 갖추는 일은 고객에게 정보를 제공하는 것.
- 고객은 상품과 함께 정보도 산다.

매장에 활기가 넘친다.

2. 신상품 도입단계

신상품을 도입하려면 매장에 진열된 지 오래된 상품을 빼내야 한다. 이른바 쇠퇴기 상품을 철수하는 것이다. 모든 신상품이 인기상품이 되는 것은 아니지만, 신상품이 진열되지 않은 매장은 활기가 없다. 활기만 없으면 다행이지만, 고객마저 발길을 돌리게 된다.

신상품을 도입할 때는 다음의 단계를 거친다.

(1) 쇠퇴기 상품 철수

신상품 도입의 첫 단계는 이미 매장에 진열된 상품 중에서 쇠퇴기 상품을 철수하는 일에서 시작한다. 그렇다면 쇠퇴기 상품의 철수는 어떻게 진행해야 할까? 특별한 기준이 있는 것은 아니므로 점포 나름대로 기준을 정하면 된다.

다만, 쇠퇴기 상품을 철수할 때는 판매율이 50% 이하로 떨어졌다거나, 판매수량이 주 5개 이하로 떨어졌다는 등의 판매율이나 상품의 라이프사이클, PI값으로 먼저 판매실적을 확인해야 한다. 쇠퇴기 상품을 철수하는 데도 여러 가지 방법이 있는데, 매입처에 반품하지 못하는 상품의 경우는 다 팔릴 때까지 기다리거나 가격을 내려서라도 다 팔아야 한다.

(2) 새 진열계획 검토

신상품 도입의 다음 단계는 진열계획을 검토하는 일이다. 오래된 상품을 걸러내고 신상품을 도입했을 때의 진열상태를 구체적으로 떠올려본다. 최근에는 프라노그램이라는 편리한 시스템이 있어서 진열작업도 훨씬 수월해졌다. 프라노그램이란 플랜(plan)과 프로그램(program)의 합성어로 '자동진열프로그램'을 말한다.

(3) 매장 POP, 판촉정책의 검토

신상품은 진열만 해둔다고 해서 팔리지 않는다. 매장에 진열함과 동시에 POP나 판촉정책 등을 어떻게 진행할지 구체적으로 결정해야 한다. 먼저 진열된 상품과 신상품을 구별하기 위해 POP나 사인을 붙이는 일은 점포가 고객에서 보내는 메시지이다. 무엇보다 중요한 것은 점포가 신상품을 팔겠다는 의사를 표현하는 일이다.

(4) 신상품 도입

마지막으로 신상품을 매장에 진열하고 판매한다. 판매 후에는 반드시 POS로 판매상황을 확인하고 품절이 발생하면 발주량을 늘려야 한다. 신상품은 다른 상품보다 재고량을 더욱 철저히 관리해야 한다.

신상품을 도입하려면?

쇠퇴기 상품 철수	판매율이나 상품 라이프사이클로 판매실적을 확인한다.
새로운 진열계획 검토	구 상품을 철수하고 신상품을 넣었을 때 매장 진열을 구체적으로 떠올려본다.
매장 POP나 판촉정책 검토	진열계획과 함께 구체적으로 결정한다.
신상품 도입	매장에 진열하여 판매 POS로 판매상황을 확인한다.

신상품 도입

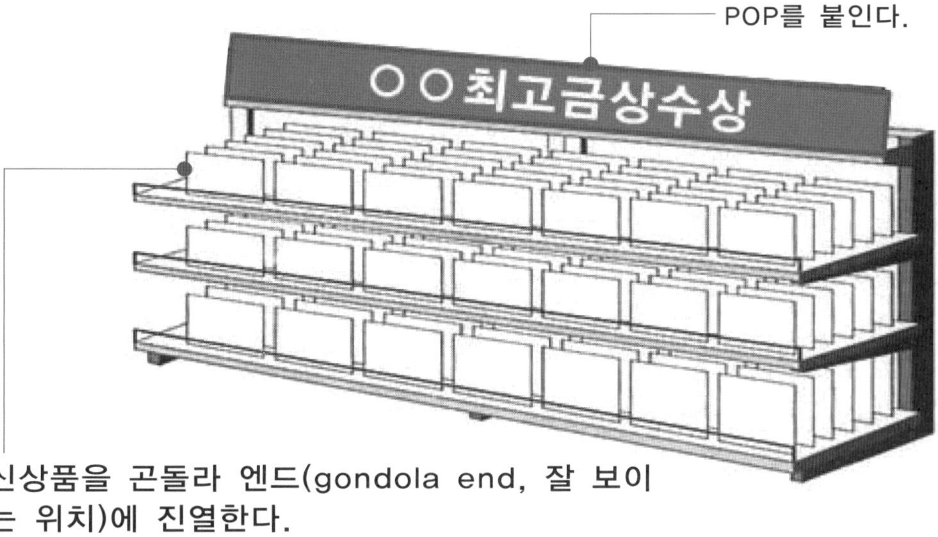

○○최고금상을 수상한 ○○상품이 있는 매장.

6 부문별 관리와 함께 단품별로도 관리

소비자의 빠른 변화에 단품관리로 대처한다.

1. 부문별 관리의 중요성

부문별 관리란 상품을 부문단위로 관리하는 기법을 가리킨다. 슈퍼마켓을 예로 들어 설명하자면 신선식품, 가공식품, 냉동식품, 일용잡화, 화장품 등 대분류로 관리하는 일이다. 부문을 상품관리의 단위로 삼는 기법은 이전부터 실시하고 있었다.

부문별 매출액, 마진액, 매출총이익액, 매출총이익율, 재고액, 재고회전율 등을 계산하여 부문을 평가한다. 부문별 관리는 금액에 의한 관리(달러 컨트롤)에 적합한 관리기법이다.

Part 2, 1항의 상품분류 편에서도 언급한 것처럼 부문 아래는 품군, 품종 등의 분류가 있다. 품군별 관리, 품종별 관리도 기본적으로는 부문별 관리 기법과 크게 다르지 않다.

그러나 최근에는 상품관리가 부문별 관리에서 더욱 세분화된 관리로 이동하는 추세이다. 특히 단품관리가 전체 소매업 현장에서 주목받고 있는데 다음에 그 이유가 나와 있다.

① 소비자의 기본욕구가 점차 개성화·다양화되고 있다.

② 소비자의 기본욕구가 빠르게 변화하고 있다.

③ 상품의 라이프사이클이 하루가 다르게 변하고 있다.

④ 인터넷 보급 등으로 정보화가 급속히 진행 중이다.

부문별 관리(예: 슈퍼마켓)

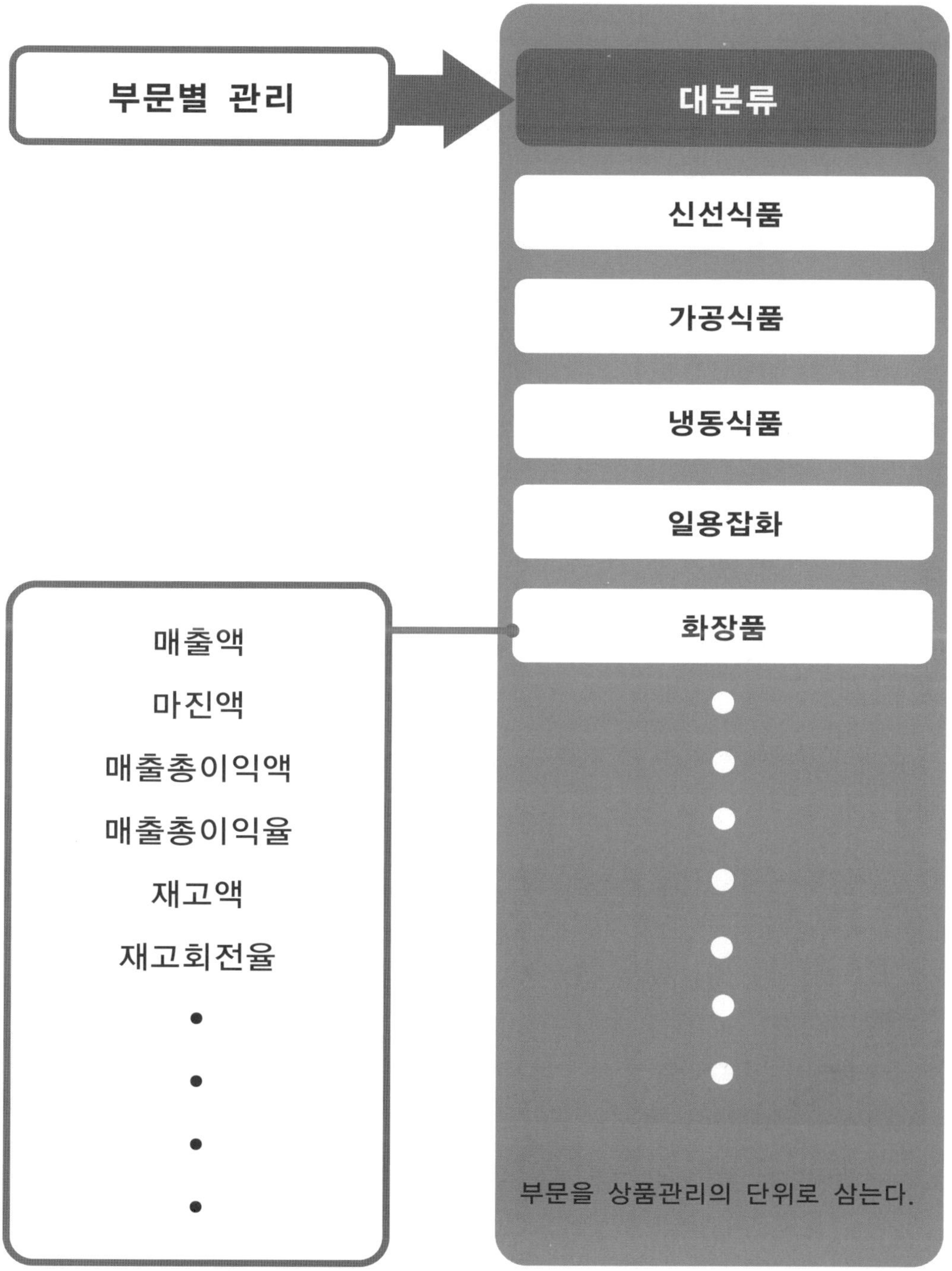
부문별 관리
대분류
신선식품
가공식품
냉동식품
일용잡화
화장품
매출액
마진액
매출총이익액
매출총이익율
재고액
재고회전율
부문을 상품관리의 단위로 삼는다.

2. 단품관리의 중요성

단품이란 상표명, 사이즈, 색, 가격 등 누가 봐도 낱개의 상품단위로 다른 상품들과 구별되는 상품단위를 말한다. 단품관리란 최소관리단위인 단품(아이템) 별로 상품의 매출액, 이익, 재고 등을 관리하는 기법이다.

단품관리는 POS 시스템 보급을 계기로 순식간에 확산되었다. 즉, 단품별 매입, 발주, 상품구색 등을 더욱 세세하고 신속히 관리하는 일이 소매업의 매출액이나 이익 등에 크게 관여한다는 것을 알게 됐기 때문이다. 인기상품, 쇠퇴기상품을 거르는 일도 단품별로 실시한다.

예를 들어 350㎖ 녹차류 음료 중에서 A아이템은 품절되었는데도 B아이템은 재고가 지나치게 많은 기현상이 매장에서도 흔히 발생한다. 기존의 부문별 관리, 품군별 관리로는 알 수 없는 내용이다. 왜냐하면 소비자 중에는 B아이템이나 A아이템이 아니면 사지 않겠다는 사람도 있기 때문이다.

그러나 단품관리가 중요하다고 하여 부문별 관리가 필요 없다는 뜻은 절대 아니다. '나무를 보고 숲을 보라!'까지는 아니더라도, 단품에만 정신이 팔려서 부문이라는 숲을 잊어서는 안 된다. 따라서 단품관리와 부문별 관리는 병행해야 한다.

3. 단품관리는 매장의 효율성 향상이 목적

단품관리가 필요한 이유를 꼽자면, 앞서 설명한대로 고객이 원하는 상품이 단품단위로 이동했다는 점을 들 수 있다. 물자가 차고 넘치는 현대 사회는 예전처럼 상품만 들여놓으면 팔리는 시대가 아니다. 요즘 소비자는 이 없으면 잇몸이라는 식의 구매형태를 취하지 않는다.

반면에 점포 입장에서 매장의 효율성을 극대화하려면 단품단위의 매출상황을 수시로 확인하여 팔리지 않는 상품을 팔리는 상품으로 바꾸어야 한다. 매장에는 면적의 한계가 있으므로 쇠퇴기상품으로 매장을 가득 채우고 있다가는 효율성이 떨어지고 만다.

단품단위로 쇠퇴기상품을 철수하고 대신에 인기상품을 진열하면 매장효율은 한층 높아진다. 고객에게도 점포에게도 도움이 되는 것이 바로 단품관리이다.

단품관리의 필요성과 목적

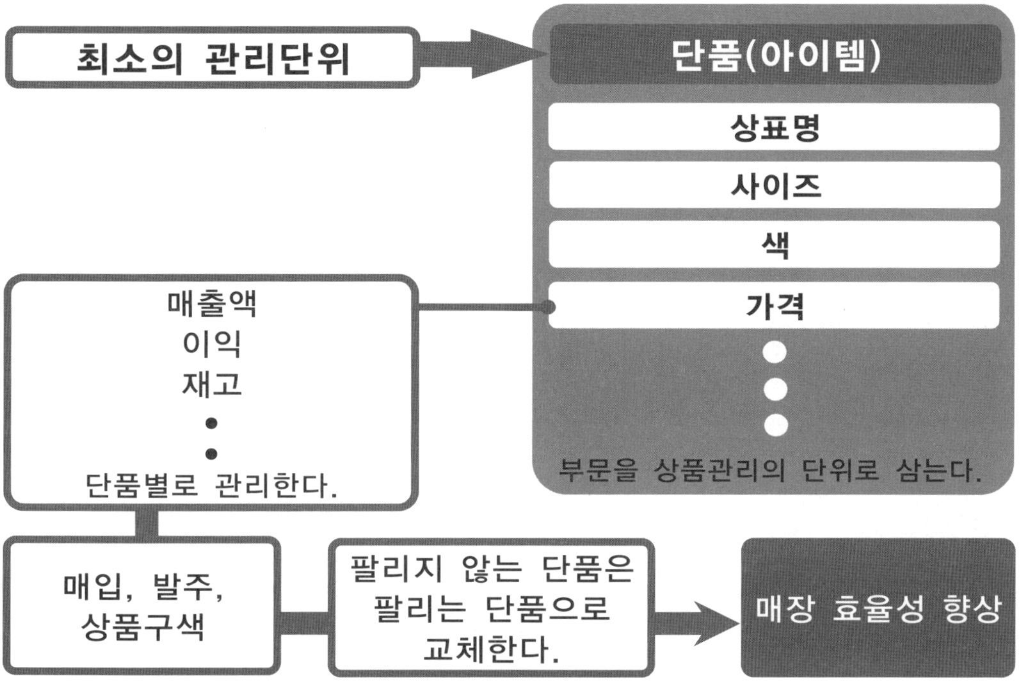

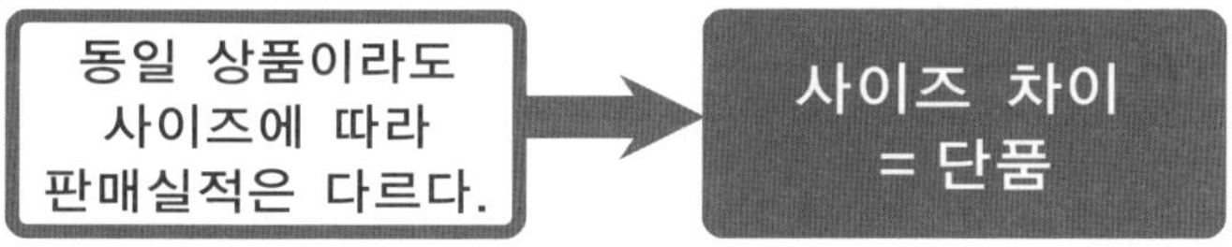

단품관리의 필요성과 목적

POS 레지스터

- 알기 쉬운 화면표시와 터치패널 방식으로 조작이 용이하다.
- 판매데이터는 SC[30]와 연동하여 본부에 송신된다.
- 카드나 휴대전화를 스치는 것만으로 집적되는 전자머니 'nanaco(나나코)[31]'에도 대응하는 등 기능이 다양하다.

출처: 《세븐일레븐의 진면목 2007》 세븐 일레븐 재팬

---

30) Store Computer의 약자. 사무실에 비치한 컴퓨터로 사업본부와도 연계돼있다.

31) 주식회사 세븐 아이 홀딩스의 자회사인 주식회사 아이와이 카드 서비스에서 발행한 전자머니서비스로 비접촉형 결제방식, 카드형과 휴대전화용 모바일형이 있다. 우리나라의 'T-머니카드'처럼 충전식이다. 현재 세븐일레븐 계열사에서만 충전 및 결제가 가능하며, 결제 시마다 소정의 포인트가 적립되어 현금처럼 사용할 수 있다. 다만, 본 카드는 잔액을 현금으로 돌려주지는 않는다.

7 상품 라이프사이클을 알아내어 상품 갖추기

상품 라이프사이클은 도입기, 성장기, 성숙기, 쇠퇴기를 거친다.

1. 상품 라이프사이클이란?

모든 상품에는 인간의 일생과 마찬가지로 라이프사이클이 있다. 상품의 라이프사이클은 일반적으로 ① 도입기, ② 성장기, ③ 성숙기, ④ 쇠퇴기의 네 단계를 거친다. 그러나 이는 어디까지나 일반론으로 모든 상품이 도입기, 성장기, 성숙기, 쇠퇴기를 거치지는 않는다. 라이프사이클이 긴 상품도 있고 짧은 상품도 있다.

특히 신상품으로 세상에 나와 곧 사라지는 상품을 '패드 상품[32]'이라고 한다. 세상에는 오랫동안 사랑받는 상품보다도 패드 상품이 훨씬 많다. 따라서 매장 담당자는 신상품이 '롱 셀러'가 될지 '반짝 유행'으로 끝날지를 구분할 줄 아는 능력이 필요하다.

2. 일일 판매량을 시계열로 쫓는다.

머천다이징 정책과 상품의 라이프사이클과는 밀접한 관계가 있다. 점포에서 취급하는 모든 상품이 도입기 혹은 성숙기에만 해당하는 것은 아니다. 도입기 상품도 있고, 성장기, 성숙기, 쇠퇴기 상품도 있다. 따라서 한 상품이 현재 라이프사이클 중 어디에 해당하는지를 살피면서 상품을 구색하고 발주해야 한다.

상품의 라이프사이클을 파악하는 방법 중 가장 정통한 방법은 일일 판매량을 시계열로 쫓는 일이다. 판매량이 그래프에서 오른쪽 오름세로 신장 중인 상품은 성장기 혹은 성숙기 초기에 해당한다. 매출이 정점을 찍고 약간 하향세에 접어들면 성숙기 후기 상품으로 봐도 무방하다.

---

32) Fad, 일시적 유행 혹은 반짝 유행을 일컬음.

상품의 라이프사이클

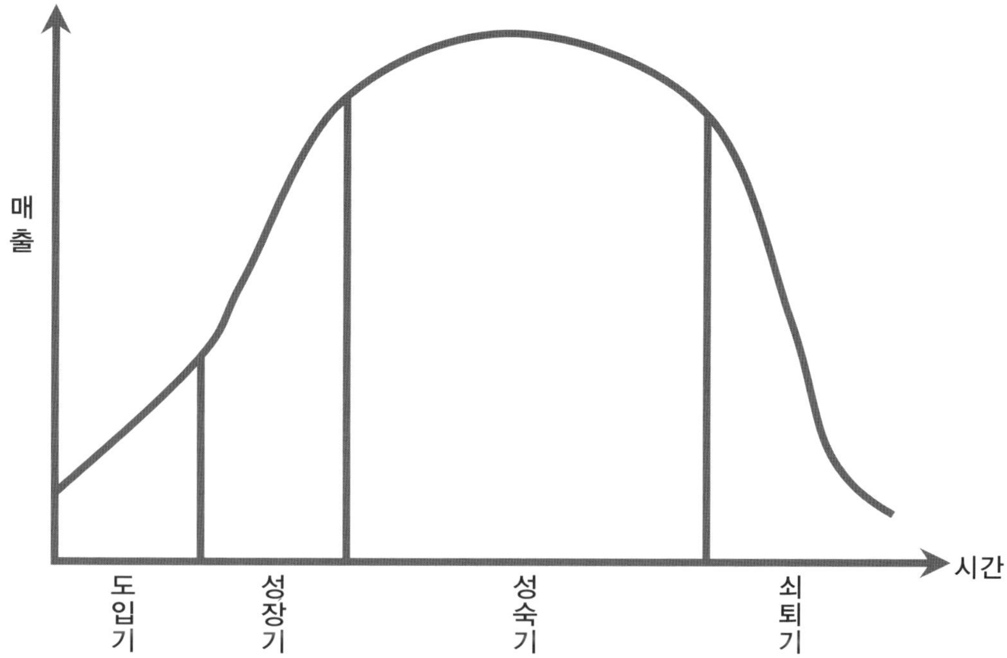

상품이 라이프사이클 중 어디에 위치하는지를 파악한다.

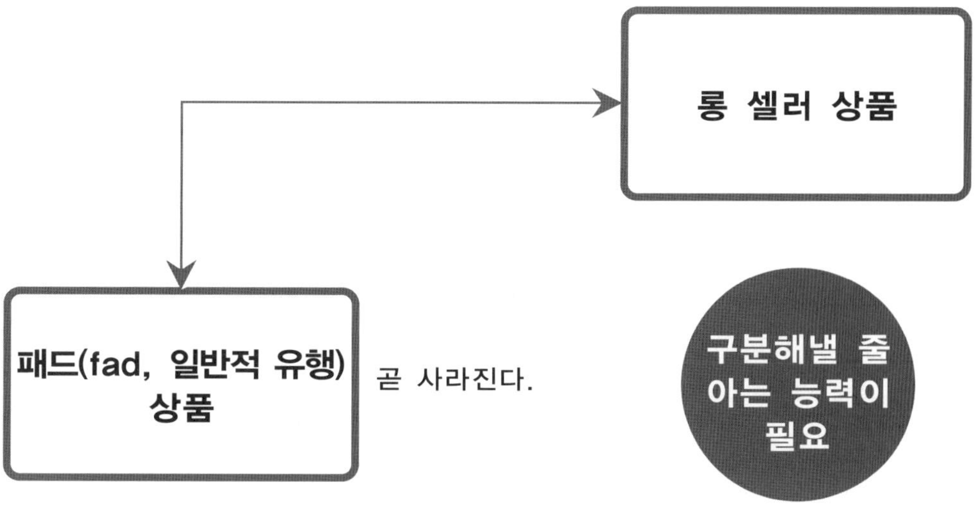

3. 판매율 확인

상품의 라이프사이클을 파악할 때는 판매량도 참고해야 하지만 단품별 판매율도 봐야 한다. 판매율은 판매량을 매입량으로 나눈 비율이다. 공식으로 표현하면 다음과 같다.

판매율 = 판매량 ÷ 매입량 × 100%

상기 공식으로 봐도 당연히 판매율은 높을수록 좋다. 그렇다고 100%가 이상적인가 하면 꼭 그렇지만도 않다. 이제 막 점포에 도입한 상품은 일반적으로 매입량을 자제하므로 판매율이 100%에 이르기도 한다. 이때 판매율 100%는 품절 가능성을 시사한다.

따라서 판매율이 100%인 상품은 품절시각(=판매율이 100%가 된 시점)을 미리 확인하여 품절수량, 품절금액을 예측해야 한다.

그리고 다음 발주 시에는 과감하게 발주량을 늘리고 재차 판매율을 확인한다. 판매율이 계속 높으면 다행이지만, 하락세를 보이기 시작했다면 결단을 내려야 한다. 이때 주의할 점은 계산기를 두드리면 나오는 판매율에 현혹되지 말라는 것이다. 직접 매장에 가서 상품을 확인하도록 한다.

4. 상품의 포트폴리오를 생각한다.

이상적인 매장이란 성장기 상품과 성숙기 상품이 40%씩, 남은 20%를 도입기 상품이 차지하는 상태이다. 성장기 상품은 '인기상품', 성숙기 상품은 '효자상품(儲け筋商品)'이다.

그렇다고 성장기 상품과 성숙기 상품으로 매장을 모두 채우면 완벽할까? 그렇지 않다. 매장에 활기를 주고 새로운 고객을 불러들이려면 신상품도 도입해야 한다.

상품 라이프사이클에서 말하는 도입기 상품은 '신상품'으로 분류한다. 매장은 항상 변해야 하므로, 다양한 상품들로 다채롭게 채워두어야 한다.

PLC 마케팅 전략

PLC(Product life cycle): 제품 수명 주기

	도입기	성장기	성숙기	쇠퇴기
매출액	낮다	급성장	저성장	저하
현금흐름	마이너스	고만고만	높다	낮다
경쟁기업	거의 없다 (소수)	증가	다수	감소
전략의 초점	시장확대	시장침투	시장점유율 유지	생산성 확보
가격전략	코스트 플러스법	시장침투 가격	경쟁대항 가격	이익확보 가격

출처: 《중소기업진단사 1차시험대책강좌 텍스트 기업경영이론B》 TBC 수험연구회

PART 5

점포와 매장의 소구력을 어떻게 높여갈 것인가?

내점객수를 늘리고 객단가를 향상시키는 데 효과적인 대책

1. 점포기능을 살려서 매장을 연출한다.
2. 입지조건을 우선으로 출점장소를 결정한다.
3. 입점 시 상권과 경쟁점을 조사한다.
4. 상권 내 총수요로부터 매출액을 예측한다.
5. 세로진열과 가로진열을 활용한다.
6. VMD로 시각에 호소하는 상품진열
7. 고객의 동선과 시선을 조사한다.
8. 상품분류, 진열구역계획, 진열면수계획

1 점포기능을 살려서 매장을 연출한다.

소구, 유도, 연출, 판촉, 정보제공, 관리의 여섯 가지 기능을 살린다.

1. 점포의 여섯 가지 기능

점포는 고객과 상품이 만나는 장소이다. 또한 고객과 종업원(CP: 컨설턴트 패널)이 만나는 장소이기도 하다. 만남의 장을 연출하기 위해 점포는 다양한 기능을 가진다. 점포가 갖는 여섯 가지 기능 중에서도 도입부분에 해당하는 소구기능과 유도기능은 특히 중요하다.

2. 소구기능과 유도기능

소구기능은 점포의 존재를 알리는 기능이다. 점포판매에 주력해야 하는 소매업은 점포에 고객이 오지 않으면 매출이 발생하지 않는다. 내점객수를 늘리기 위한 점포의 소구기능에는 간판 · 사인 · 점두 쇼윈도 등이 있다.

점포에 방문하여 점두에 진열된 상품만 계산대에서 정산하고 돌아간대서야 객단가가 올라갈 리 없다. 객단가를 향상시키기 위해서라도 내점한 고객을 점포 안쪽으로 이끌어야 한다. 유도기능에는 통로 · 안내표시 · 상품진열의 연관성 등이 포함된다.

3. 연출 · 판촉 · 정보제공 · 관리기능

연출기능은 상품을 연출하는 것으로, 상품의 디스플레이 · 진열 · VMD(비주얼 머천다이징) 등이 있다. 고객에게 상품을 판촉하는 기능에는 POP 광고나 판매원의 접객, 고객에게 정보 전달하기 등이 있다.

정보제공기능에는 관내방송이나 안내판 · POP 광고 · 전단지, 영상기기 등이 있다. 관리기능은 창고와 사무소, 휴게실 등 점포의 뒤편에 해당한다. 두 기능 모두 점포의 부수적인 기능 중 하나이다.

점포기능

소구기능
간판(사인), 점두 쇼윈도 등, 점포의 존재감 연출

유도기능
통로, 안내표지, 상품진열의 연관성 등 점내로 유도

연출기능
디스플레이, 전시진열, VMD 등 고객의 구매욕구를 환기시킴

판매촉진기능
POP광고나 판매원의 접객 등, 고객에게 정보를 전달하거나 최종적인 구매 의사결정을 보조함.

정보제공기능
관내방송, 안내판이나 POP 광고, 전단지, 영상기기 등 고객에게 정보를 제공

관리기능
창고나 사무소 등 점포운영을 관리

출처: 《중소기업 진단사 1차 시험대책강좌 텍스트 운영관리》 TBC 수험연구회

점포의 소구기능

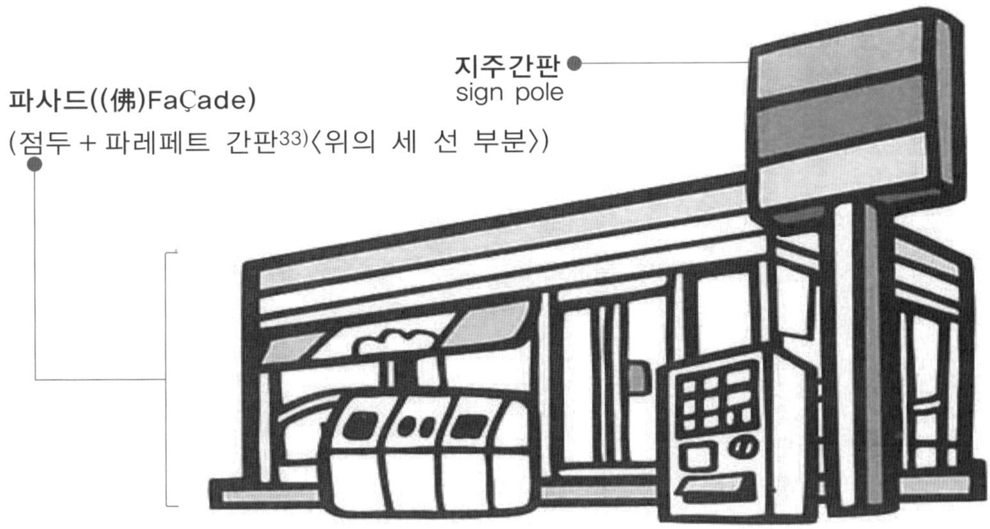

33) parapet, 난간에 설치하는 간판을 말함.

2 입지조건을 우선으로 출점장소를 결정한다.

기상, 교통기관, 인구, 교통량, 보행자 수, 주변 환경을 고려한다.

1. 입지조건 요소

소매업은 입지산업이라고도 하듯이 입지가 좋은 장소에 출점하는 일은 소매업 출점전략의 기본이다. 그렇다면 좋은 입지조건이란 무엇일까? 입지조건은 업종 · 업태에 따라 다르다. 이를 결정하는 요소로는 다음의 항목을 들 수 있다.

(1) 기상조건

기상조건이란 날씨, 온도, 습도, 계절의 변화 등을 가리킨다. 비가 많은 지방은 인클로즈드 몰(enclosed mall, 폐쇄형 몰)*형식이, 비가 적은 지역은 오픈 몰(open mall, 개방형 몰)형식이 어울리는 등 기상조건에 따라 쇼핑몰의 형태가 달라진다.

(2) 교통기관

교통기관이란 철도, 버스노선, 간선도로의 상황을 말한다. 교통기관이 발달한 장소에는 사람이 모이기 마련이므로 점포를 내기에 매우 적합하다. 그러나 교차로 바로 앞보다는 약간 뒤쪽이 입지적으로 더 좋다고들 한다.

(3) 주거 · 유동인구

인구나 세대수, 연령별 인구구성, 후배지(後背地, hinterland) 인구 등을 가리킨다. 목표 고객층을 어떻게 결정할 것인지에 따라 입지 선정도 바뀐다.

(4) 교통량 · 보행자 수

차량이나 보행자 수가 많은 곳은 천혜의 입지라고 할 수 있다. 따라서 출점 전에는 반드시 요일별, 시간대별 통행량을 조사해두어야 할 것이다.

(5) 주변 환경

점포를 둘러싼 주변 환경은 입지선정에 중요한 요소이다. 간선도로가 건설된다거나, 도시계획구역에 지정된다거나 하는 주변 환경의 변화에도 늘 주의를 기울여야 한다.

도미넌트 출점

동일 지역에 A점, B점, C점, D점, E점, F점을 출점

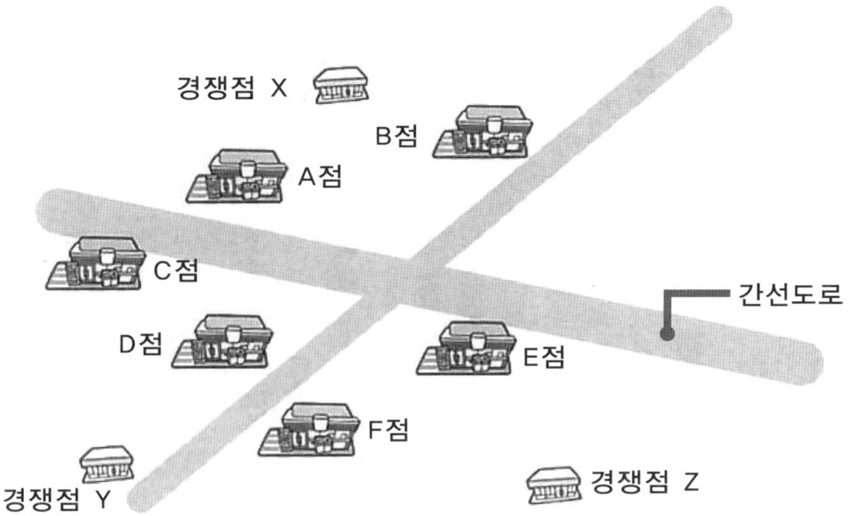

2. 도미넌트 출점

도미넌트(dominant) 출점이란 특정 지역에 집중적으로 점포를 내는 전략을 가리킨다. 'Dominant'는 원래 우위·지배를 뜻하는 단어이다. 특정 지역에 집중적으로 출점하면 배송 효율성이 높아지며 지명도 향상, 광고비 절감 등의 장점을 기대할 수 있다. 편의점이나 슈퍼마켓, 사진인화점, 홈센터, 드럭스토어 등이 주로 채택하는 출점전략이다.

- 물류효율 향상
- 꼼꼼한 체인 운영 가능
- 상권 내 시장점유율 상승
- 지명도 향상
- 광고효율 향상
- 경쟁사 진입 곤란

3 입점 시 상권과 경쟁점을 조사한다.

출점후보지 주변을 낱낱이 조사하여 입지를 선정한다.

1. 상권조사

신규출점 등 자사 점포 운영에 적합한 장소를 산정하는 일을 입지선정이라고 한다. 입지를 선정할 때는 출점후보지 주변을 속속들이 조사해야 한다.

상권이란 '자사 점포에 내점하는 고객의 지리적 범위'이다. 상권의 크기는 점포의 규모나 취급상품에 따라 달라진다. 자사 점포의 상권을 다양한 각도에서 조사하는 일을 상권조사라고 한다. 상권조사의 주된 목적은 자사 점포의 매출 및 이익을 예측하기 위해서이다. 더불어 경쟁점을 조사하는 일도 상권조사에 매우 중요하다.

(1) 기존자료 조사

상권조사는 우선 기존자료(공개 데이터) 수집에서부터 시작된다. 출점관계의 대표적인 기존자료에 지식경제부에서 발행하는 「상업통계」[34], 행정안전부에서 발행하는 「가계조사」[35], 시(市)·군(郡)·구(區) 등이 발행하는 「주민기본대장」 등이 있다. 최근에는 인터넷으로도 이러한 정보를 수집할 수 있다.

(2) 현장조사

현장조사(field work)는 실제로 현지에 가서 교통조건이나 유동인구, 경쟁점의 판매상황 등을 상세히 조사하여 분석하는 일이다. 도보 내점객과 차량 내점객을 산정한 점포는 출점 예정지에 직접 나서서 사람이나 자동차의 통행량을 조사한다.

2. 경쟁점 조사

점포 비교조사(store comparison)라고도 하는데, 출점 전뿐 아니라 출점 후에도 정기적으로 경쟁점을 조사하는 것이 바람직하다. 이는 경쟁점이 자사 점포에 어떤 영향을 주는지를 조사하여 자사 점포 운영에 활용하자는 데 있다. 경쟁점을 조사할 때는 다

---

34) 상점수, 상거래액, 점포의 경영내용, 상품별 수급상황 등 상업에 관한 실태를 밝히기 위한 통계의 총칭으로 우리나라에서는 '도소매업 조사 및 서비스업 조사'라는 명목으로 통계청에서 실시하고 있다.

35) 가계의 수입과 지출을 조사하여 소비동향을 알아보는 지표로서, 우리나라에서는 '가계동향조사'라는 명목으로 통계청에서 실시하고 있다.

음의 항목이 반드시 포함되어야 한다.

① 스토어 콘셉트 → 점포의 특징
② 점포규모 → 매장면적, 매출액 등
③ 영업상황 → 영업시간, 개 · 폐점 시간, 휴일 등
④ 접근성 → 주차장 시설 및 수용대수, 주차장으로의 접근 용이성 등
⑤ 상품구성 → 주력상품, 아이템 수, 상품구색의 폭 등
⑥ 가격전략 → 가격정책의 특징, 프라이스 라인, 프라이스 존 등
⑦ 고객특성 → 고객층, 고객 수 등

경쟁점은 대부분 여러 곳이므로 개별 조사결과와 별도로 어느 정도 일정한 형식으로 정리해두면 편리할 것이다. 경쟁점을 분석할 때 SWOT[36] 방식(내부환경의 장단점, 외부환경 기회와 위협 분석)을 도입하여 전략차이를 비교하면 자사의 경영전략을 어떻게 세워야할지 방향성이 보일 것이다.

통행량 조사

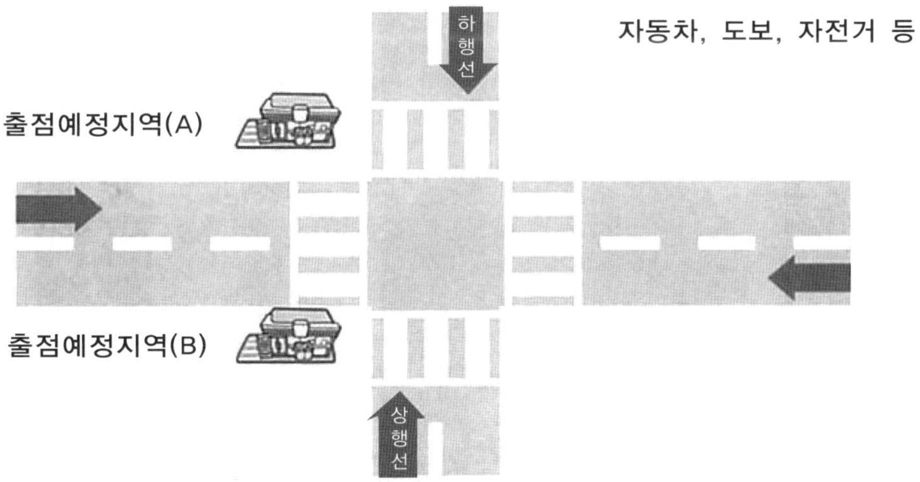

◉ 주일과 주말, 시간대별로 조사한다.
◉ A, B 두 예정지 중 어디로 결정할 것인가?

36) SWOT : Strengths, Weaknesses, opportunities, threats.

4 상권 내 총수요로부터 매출액을 예측한다.

타점포의 매출을 기준으로 자사점포의 시장점유율을 예측 · 계산한다.

1. 상권내총수요란?

특정 상품에 대한 상권전체의 수요를 합계한 총액을 말한다. 예를 들면, A상권의 채소 총수요는 얼마나 되는가? B상권에서 청주(日本酒) 총수요는 얼마나 되는가? 이처럼 품군 및 품종별로 총수요를 산출한다. 상권내총수요는 자사점포의 매출을 산출하기 위해 반드시 필요한 수치로, 다음의 공식으로 계산한다.

상권내총수요 = ①상권내세대수(혹은 인구) × ②대상상품의 세대(인구)당 연간소비액

① 상권내세대수(혹은 인구) = 주민기본대장

② 대상상품의 세대(혹은 인구)당 연간소비액 = 가계조사연보

가계조사란 국가의 경기 동향 파악, 생활보호기준 검토, 소비자물가지수의 품목 선정 및 가중치 작성 등의 기초자료를 작성하기 위해 통계청이 실시하는 지정통계이다. 국내 세대를 대상으로 가계의 수입 · 지출, 저축 · 부채 등을 매월 조사하여 국민생활실태를 가계 면에서 고찰한다. 가계조사에는 「가계조사보고」(월보)와 「가계조사연보」의 두 종류가 있다.

2. 매출액 예측

상권내총수요를 산출했으면, 다음에는 자사점포의 매출을 추정한다. 자사점포의 매출을 예측하는 방법에는 여러 가지가 있지만, 경쟁점 조사로 수집한 타점 매출을 바탕으로 자사점포의 시장점유율을 추측하는 방법이 가장 일반적이다. 공식은 다음과 같다.

매출 = 상권내총수요 × 자사점포의 시장점유율

시장점유율 대신 매장면적점유율을 사용하기도 한다. 만일 상권내세대수가 2만 세대, 해당품목의 연간소비액이 1만 원, 기존 경쟁점의 합계매장면적이 10,000m^2일 경우, 매장면적을 2,000m^2라고 예상하면 출점을 계획하고 있는 점포의 예상매출액은 다음과 같다.

2만 세대 × 1만 원 × (2,000m^2 ÷ 10,000m^2) = 4,000만 원

상권 내에서 매출을 예측한다.

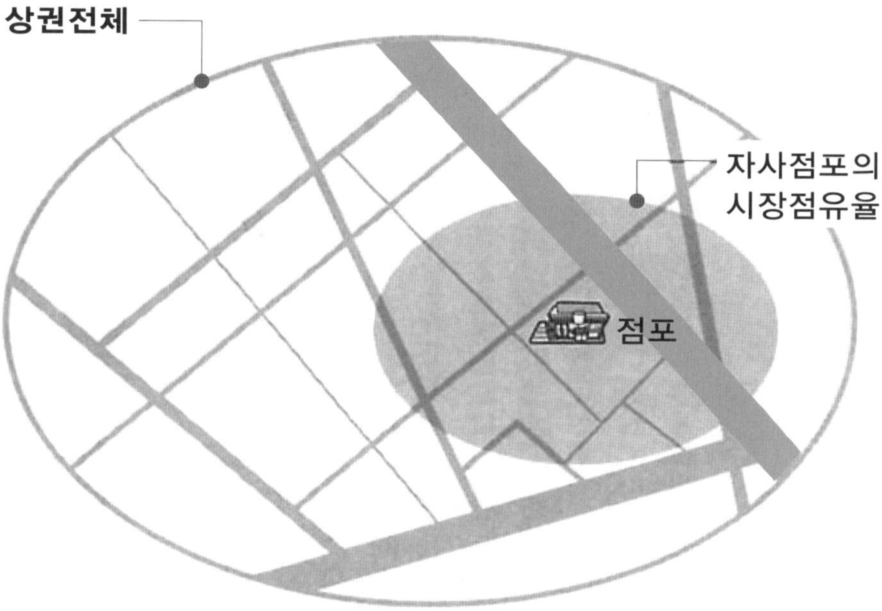

매출예상액 = 상권내총수요 × 자사점포의 예상 시장점유율

3. 편의점, 홈센터 등의 매출액 예측

편의점, 홈센터, 드럭스토어처럼 다품종 상품을 취급하는 소매점에서 개별 품목 당 총수요를 계산하여 추정매출을 산출하려면 시간이 한참 걸린다. 간단한 방법으로 객단가의 체인평균(업계평균)값을 사용하여 추정 고객 수에서 매출을 산출할 수 있다.

계산식은 다음과 같다.

추정매출 = 평균 객단가 × 추정 고객 수

추정 고객수를 예측하려면 다음의 항목을 조사해야 한다.

① 상권 내 인구 중 자사점포를 이용할 것으로 예상되는 고객

② 자사점포 앞 통행자 수

5 세로 진열과 가로 진열을 활용한다.

잘 보이게, 찾기 쉽게, 고르기 쉽게, 집어 들기 쉽게 진열한다.

1. 진열의 기본

진열의 기본은 ① 잘 보이고 ② 찾기 쉽고 ③ 고르기 쉽고 ④ 손에 들기 쉽게이다. 사람의 시선을 염두에 두지 않고 진열하면 찾는 상품이 눈에 잘 띄지 않는다. 사람의 시선은 세로보다 가로로 더 잘 움직인다.

한편 사람의 시선을 고려한 진열에는 세로 진열과 가로 진열의 두 가지가 있다. 일반적으로 고객의 눈에 잘 띄고 찾기 쉽고, 고르기 쉽고, 손에 들기 쉬운 진열은 세로 진열이다. 그러나 상품에 따라서는 가로 진열을 채택할 때도 있다.

기본적인 진열방법으로는 양감진열과 전시진열이 있다. 양감진열(量感陳列)은 상품을 대량으로 진열하는 방법이다. 대량진열, 볼륨 진열이라고도 한다.

반면에 전시진열(展示陳列)은 진열하는 자체를 중시하는 방법으로 고급이미지를 연출하고 싶을 때 활용한다. 고급시계나 명품 가방 등은 전시진열이 적합하다.

2. 세로 진열(버티컬 디스플레이)이란

상품을 종류별로, 세로로 진열하는 방법이다. 사람이 매장을 걸을 때 시선은 일정한 높이에서 가로로 이동한다. 따라서 동일 상품을 세로로 진열하여 고객이 원하는 상품 앞에서 서게 한 다음, 맞는 사이즈, 색을 고르게 한다면 구매율은 높아질 것이다.

예를 들어, 151쪽의 의류 사례에서 세로 진열의 효용을 생각해보자. 면바지 매장이라면 앞 다트가 없는 노턱(no-tuck) 스타일, 앞 다트가 좌우 한 개씩 있는 원턱(one-tuck) 스타일, 앞 다트가 좌우 두개씩 있는 투턱(two-tuck)스타일의 세 종류를 세로로 진열하고, 각 종류의 색도 세로로 진열한다. 검정색 노턱 면바지를 사고 싶은 고객은 매장의 중앙부에서 자신의 사이즈에 맞는 검정색을 찾아서 피팅룸으로 들고 가서 입어보면 된다.

만약 가로방향으로 진열했다면 시선의 높이에서 원턱의 검정색 면바지가 진열되어 있지 않아 매장을 지나쳐갈 수도 있다.

세로 진열과 가로 진열

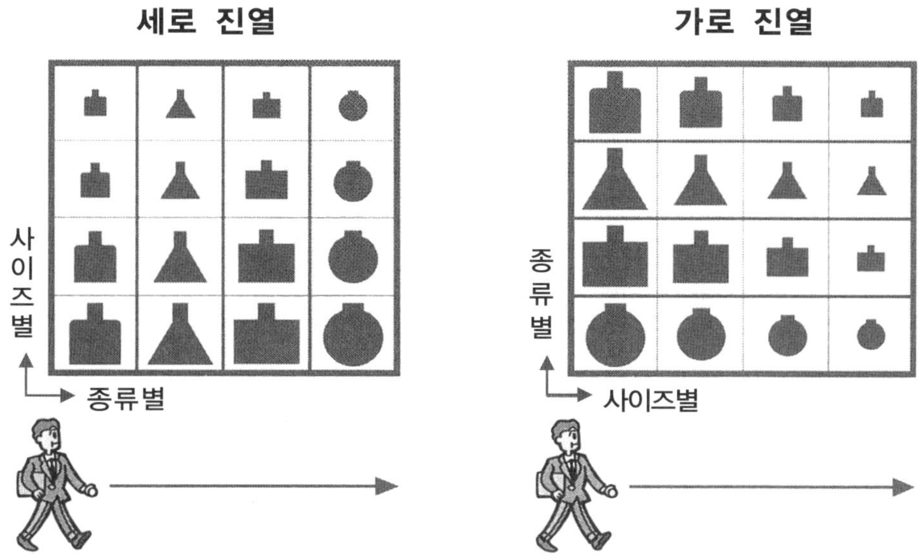

걸으면서 같은 높이의 시선으로 네 종류의 상품을 모두 볼 수 있다.

걸으면서 네 종류의 상품을 모두 보려면 시선을 상하로 움직여야 한다.

세로 진열의 예

의류품점의 면바지 매장

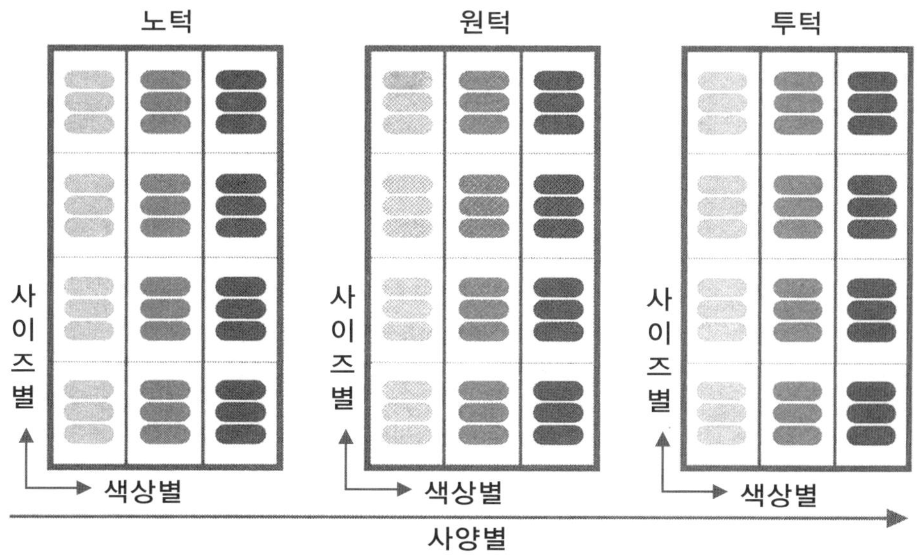

출처: 《2008년판 점포 · 판매관리 퀵마스터(2008年版店舗 · 販売管理クイックマスター)》 기노시타 야스시(同友館)

세로 진열(버티컬 · 디스플레이) 특징은 다음과 같다.

① 카테고리 단위로 진열할 때 적합하다.

② 상품을 풍부하게 연출할 수 있다.

③ 곤돌라 단위로 진열구역계획을 세울 수 있다.

④ 카테고리를 분명하게 구성하면 상품의 구매율도 높아진다.

3. 가로 진열(호리존털 디스플레이)이란

상품을 종류별로 가로방향으로 진열하는 방법이다. 이해를 위해 편의점의 리치인 케이스를 떠올려보자. 맥주, 발포주 코너는 종류별, 사이즈별로 가로로 진열돼있다. 선반이 가로로 배열되어 있어 세로로 진열하기 힘들기 때문이다. 맥주의 경우는 500㎖, 350㎖ 등 용량별로 가로로 진열돼있다.

따라서 350㎖ 슈퍼드라이를 사고 싶은 고객은 우선 세로방향으로 시선을 움직여서 350㎖ 들이 캔을 찾은 다음, 시선을 가로로 움직여서 350㎖들이 슈퍼드라이를 찾으면 된다. 어쩌면 350㎖들이 슈퍼드라이가 있는 장소를 외우고 있는 고객들이 있을지도 모른다. 고객이 매장을 돌아다니지 않는다는 것은 인기상품이라는 뜻이기도 하다.

가로 진열(호리존털 디스플레이)의 특징은 다음과 같다.

① 품종표현에 적합하다.

② 같은 품종이라도 양이 많아보이게끔 표현하기에 적합하다.

③ 선반단위로 진열구역계획을 세울 수 있다.

④ 품종을 명확하게 구성하면 상품을 고르기가 훨씬 수월하다.

시선의 움직임과 잘 보이는 위치

세로 진열

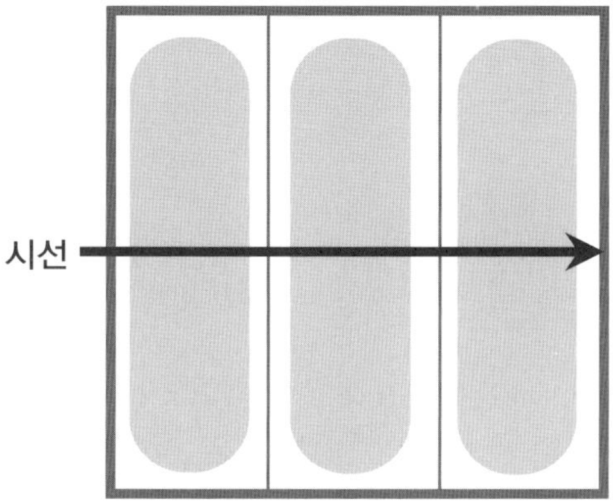

동일 카테고리를 세로로 진열

가로 진열

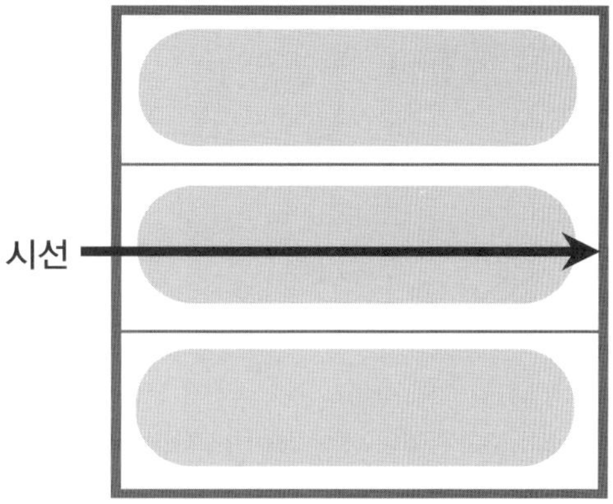

동일 카테고리를 가로로 진열

	시선의 움직임	
잘 보이는 폭	● 시각범위는 좌우 120도 이내 ● 통로의 폭을 염두에 두었을 때의 최대 진열폭은 1.5~2미터가 한계	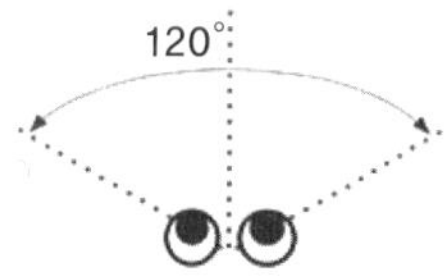
잘 보이는 높이	● 가장 잘 보이는 위치는 시선과 가슴 사이의 높이 ● 먼저 시선보다 아래쪽을 보고 난 다음에 시선보다 위쪽을 본다.	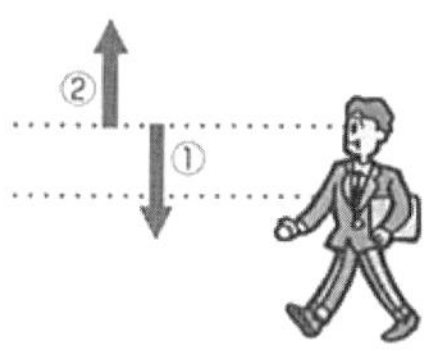
잘 보이는 위치	● 눈의 움직임은 왼쪽에서 오른쪽, 위에서 아래	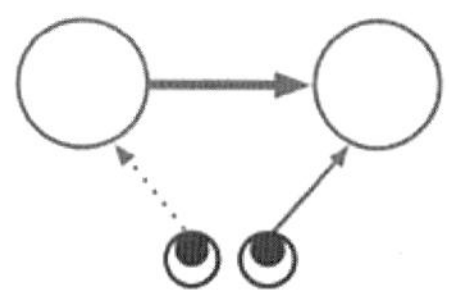

출처: 《소매점장의 상식(小売店長の常識)》 기노시타 야스시 · 다케야마 요시에(일본경제신문출판사)

6 VMD로 시각에 호소하는 상품진열

연출하고 싶은 테마에 입각하여 강조하고 싶은 상품을 색이나 사이즈별로 진열한다.

1. 시각에 호소하는 진열

고객이 상품을 구입하러 점포로 들어갈지 여부를 결정하는 데는 시각정보가 80%를 차지하고, 상품을 구매할지 여부는 처음 15초가 좌우한다고 한다.

VMD란 비주얼 머천다이징(visual merchandising)의 약자로 상품의 시각적인 요소를 고객에게 강조하는 진열기법을 말한다. VMD는 소매점의 점내 혹은 점두를 특정 콘셉트를 계획한 다음, 고객의 시각을 자극하는 상품정책을 전개한다.

미국의 대형 의류업체 갭(GAP)은 세계에서 최초로 VMD를 도입하여 전개한 곳이다. 갭의 매장에 들어서면 색 사용이 매우 화려하다는 것을 느낄 수 있는데, 이는 VMD에 주력했기 때문이다.

2. VMD의 유의점

VMD는 다음 네 가지 사항에 유의하여 전개한다.

① 경영적 관점: 상품정책이나 점포정책을 종합적으로 세우고 고객에게 매력적인 매장으로 꾸민다.

② 점포 콘셉트 반영: 점포 콘셉트와 VMD가 일치한다.

③ 상품의 기능, 용도 등 상품가치를 정확히 표현: VMD도 점포의 판촉기능 중 일부를 담당한다.

④ 상품이 지니고 있는 특징·스타일을 강조하여 고객을 이해시키고 구매로 연결되게 한다.

VMD란?

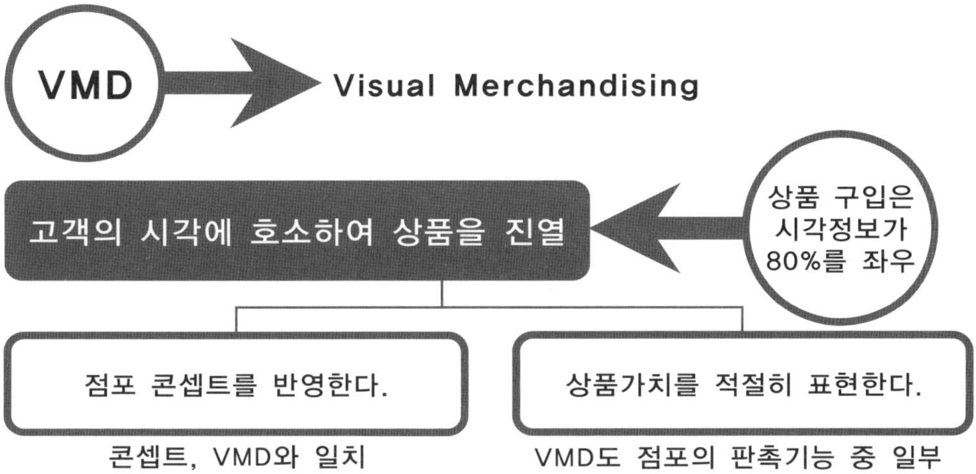

비주얼 머천다이징 도입 사례

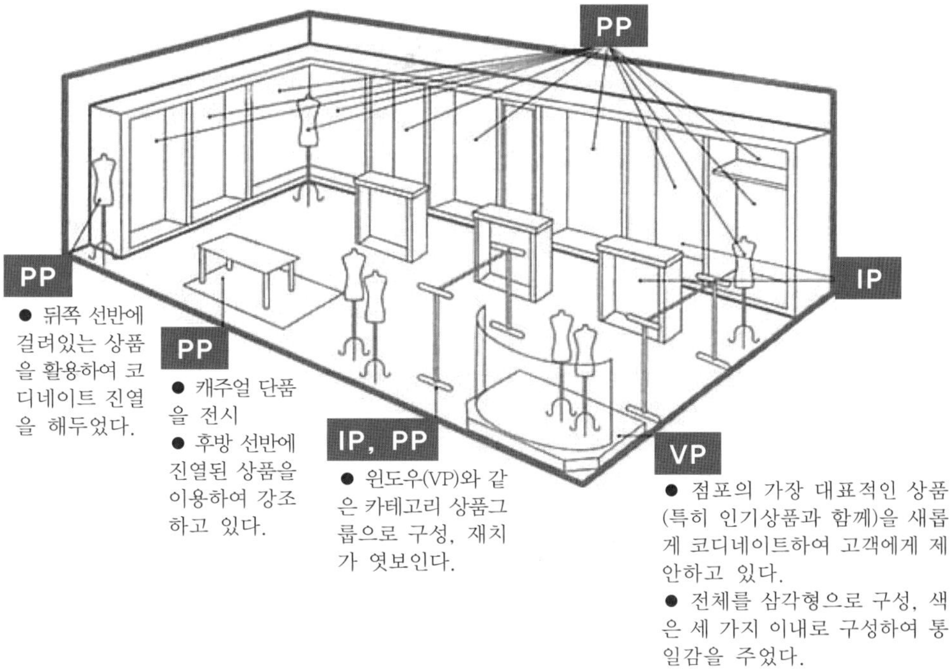

출처: <패션 판매(ファッション販売)> 2001년4월호 별책(商業界)

3. VMD의 세 가지 관점

VMD는 다음의 세 가지 요소로 나누어 볼 수 있다. 세 가지 요소를 적절히 조합하면 고객의 구매심리를 자극할 수 있다. VMD는 AIDMA 법칙에 따른 진열법이다. 즉, 고객의 주의를 끌어(Attention), 흥미를 갖게 하고(Interest), 구매 욕구를 일으켜서(Desire), 깊은 인상을 남기고(Memory), 실제 구매행동으로 연결(Action)시킨다.

(1) VP(비주얼 · 프레젠테이션)

연출테마에 따라 시각적으로 전시하는 공간을 가리킨다. 코너 중에서 가장 눈에 띄는 곳에 상품이나 잡화를 사용하여 용도나 사용법 등을 제안한다. VP는 쇼윈도나 쇼 스테이지 등에서 전개한다. AIDMA 법칙의 첫 번째 A(주의)나 I(흥미)에 효과적이다.

(2) PP(포인트 · 오브 · 세일즈 프레젠테이션)

특별히 강조하고 싶은 상품만 진열하여 POP에 기능을 담아서 소개한다. 엔드진열 등으로 전개한다. AIDMA 법칙의 D(욕구)나 M(인상)에 효과적이다.

(3) IP(아이템 · 프레젠테이션)

상품을 사이즈나 컬러별로 분류하여 진열한 것으로 실제로 구매도 가능한 매장이다. IP로 고객의 관심을 끈 상품을 실제로 고르게 한다. AIDMA 법칙의 마지막 A(행동)에 효과적이다.

VMD는 'VP → PP → IP' 순서로 전체에서 낱개로 전개한다.

4. VMD와 진열의 관계

VMD는 단순히 시각적인 표현에만 주력하는 기법이 아니라 시각적인 표현에 유의하면서 진열하는 것을 말한다. 따라서 VMD와 진열은 떼려야 뗄 수 없는 관계이다. 상품의 정면이 보이도록 진열하는 것을 페이스업(face up)[37]이라고 한다.

서비스 상품에도 VMD는 필요하다. 여행상품과 같은 무형상품도 VMD 관점을 도입하여 점두선전에 나서야 할 것이다.

---

37) 페이스업(face up): 패션업계에서는 페이스아웃(face out)이라고도 한다.

VMD의 세 가지 구역 특성

VMD	구분	특성	장소
VP 보이는 진열		점포의 이미지나 플로어 이미지를 상징하는 디스플레이 에리어. 디스플레이 디자인이 요구된다. 연출이 효과를 발휘하는 장소이며 연출소도구도 활용한다.	윈도우, 메인 스테이지, 디스플레이 테이블
PP 보이는 진열		매장에 있는 상품을 코디네이트하여 새로운 조합이나 사용법을 제안. 상품자체에 초점을 맞춘다.	스테이지, 디스플레이 테이블, 케이스 상단 · 선반 상단
IP 판매를 위한 진열		개어두기, 걸기, 늘어놓기 등 상품의 배치와 배열	행거, 케이스, 선반

출처: <패션 판매> 2001년4월호 별책(商業界)

7 고객의 동선과 시선을 조사한다.

고객이 점내에서 어떻게 움직이며 시선은 또 어떻게 움직이는지 연구한다.

1. 동선조사란?

동선에는 고객동선, 종업원동선, 상품동선의 세 가지가 있다. 동선이라고 하면 흔히 객동선을 가리키는데, 고객이 점내를 돌아다니는 경로를 말한다. 동선조사는 마케팅 조사의 일종으로 고객이 점내를 어떻게 돌아다니는지를 조사하게 된다. 한편 어떻게 하면 원활하게 쇼핑할 수 있을지 계획하는 일을 동선계획이라고 한다.

(1) 동선조사의 목적

동선을 조사하는 것은 '쇼핑하기 쉬운 매장', '구매수량이 증가하는 매장'을 만드는 데 있다. 고객이 쇼핑하기 쉬운 매장은 생각나는 대로 레이아웃을 결정하거나 통로를 설계한 곳이 아니다. 고객이 물건을 찾고, 구매하기에 편리하게 설계된 매장이다. 따라서 고객의 움직임을 추적한 자료인 객동선은 매장의 레이아웃을 개선하는 데 반드시 필요한 기초 데이터이다.

(2) 고객동선 조사의 순서

고객동선은 다음 순서에 따라 조사한다.

① 점내 레이아웃표, 3색 볼펜, 화판을 준비한다.
② 고객의 입점시각을 기입한다.
③ 고객이 눈치 채지 않도록 뒤를 쫓으며 동선을 기록한다. 멈춰선 장소는 반드시 별도로 표시한다.
④ 용지 1장에 세 명 정도 기입한다.
⑤ 퇴점 시각을 기입한다.
⑥ 복수의 동선조사표를 한 장으로 요약한다.
⑦ 곤돌라별 정지율[38]*, 통로별 통과율을 계산한다.

---

38) 停止率, 걷다가 멈춰서는 비율을 말한다.
* 원문은 '立寄率(다가서는 비율 혹은 들러보는 비율의 뜻)

(3) 원웨이 컨트롤

원웨이 컨트롤은 고객이 매장을 구석구석까지 돌아다니도록 유도하는 동선을 만드는 기법을 가리킨다. '원웨이(One way)'라고 하여 통로를 일방통행으로 만들 필요는 없다. 고객이 많이 다니는 통로(주통로)와 기타 통로(서브 통로)로 나누어, 주동선인 통로의 폭을 넓혀서 고객이 기웃거리지 않고 필요한 상품을 보면서 원활하게 돌아다니게 한다.

원웨이 컨트롤은 고객의 체재시간을 늘리고 많은 상품을 직접 보게 하여 '충동구매'를 유도하고, 매출을 늘리기 위해 활용한다.

2. 시선조사란?

반면에, 시선조사는 점내에서 고객이 시선을 어떻게 움직이는지 연구하는 일이다. 최근에는 시선조사용으로 만든 정교한 아이카메라(eye camera)로 데이터를 수집할 수 있게 됐다. 동선조사는 점포의 레이아웃, 즉 상품구분, 진열구역계획 등의 문제점을 파악하는 것이 목적이지만, 시선조사는 진열면수계획의 문제점을 파악하는 게 목적이다.

수퍼마켓의 동선조사 결과표

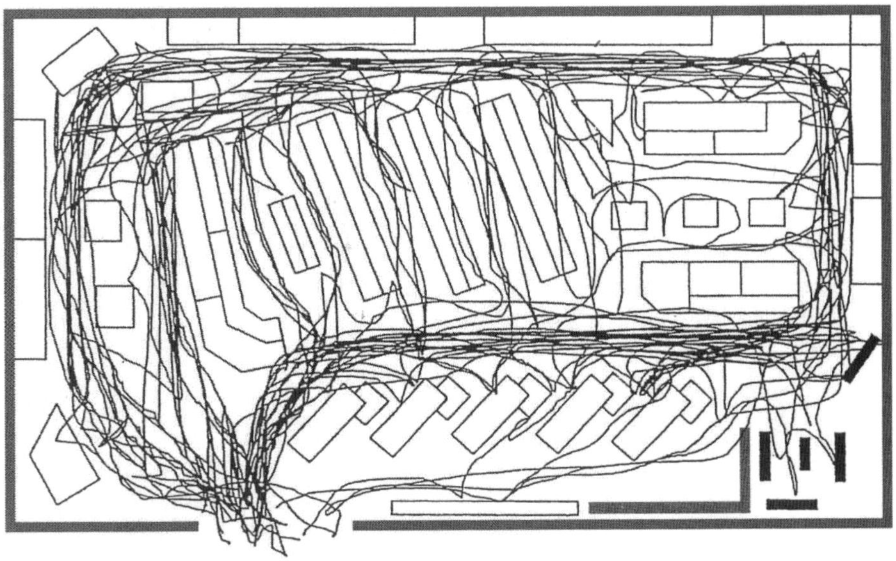

출처: 《진열과 판매의 교과서(陳列と販売の教科書)》 스즈키 구니오(商業界)

8 상품분류, 진열구역계획, 진열면수계획[39]

고객의 관점에서 상품을 분류하고 매장을 배치, 진열을 재구성한다.

1. 상품분류: 그룹핑(Grouping)

그룹핑(grouping)은 상품을 분류하는 일로, 상세한 내용은 Part 2의 상품분류 편에서 설명해두었다. 상품분류 방법에 따라 진열구역계획, 즉 매장 레이아웃이 크게 바뀐다.

상품을 분류할 때는 맨 먼저 고객의 시점부터 연구해야 한다. 점포의 일방적인 의향으로 상품을 분류하면 고객이 쇼핑하기에 불편한 매장이 되며, 객단가가 떨어지고 결과적으로 점포의 매출하락으로 이어진다. 어디까지나 상품분류의 대전제는 고객이 중심이어야 한다.

2. 진열구역계획: 조닝(zoning)

조닝(zoning)은 분류된 상품을 매장 어디에 배치할지 결정하는 일이다. 주력상품은 점포의 주통로를 따라 진열하고 준주력 상품은 부통로를 따라 진열한다. 진열구역계획을 세울 때는 연관구매에도 유의해야 한다. 연관구매가 예상되는 상품군은 직선연관 혹은 대면연관 기법을 사용하여 배치한다.

① **직선연관** = 슈퍼마켓의 신선식품 코너를 보면 연관구매를 높이기 위해 청과, 생선, 육류, 반찬 등, 고객의 구매 순으로 상품군을 배치한다.

② **대면연관** = 편의점의 맥주 코너를 보면 맞은편 곤돌라에 술안주거리를 진열한다. 이는 연관구매하기 쉬운 상품군을 맞은편에 진열하여 매출을 높이려는 데 있다. 또, 한 카테고리의 상품을 같은 곤돌라의 앞뒷면에 진열하는 게 아니라, 통로를 끼고 양쪽 곤돌라에 진열하는 기법도 대면연관의 일종이다.

---

39) 'グルーピングgrouping · ゾーニングzoning · フェイシングfacing'

그룹핑사례

약국의 경우

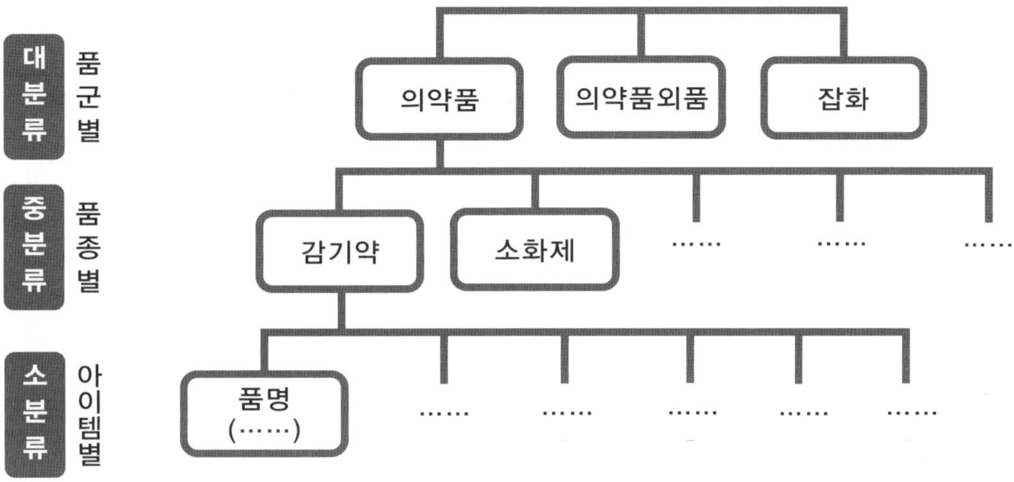

◉ 분류한 단위별로 매출관리 · 이익관리를 실시하여, 상품구색이나 진열 재구성에 활용한다.

신장별로 분류한 양복점

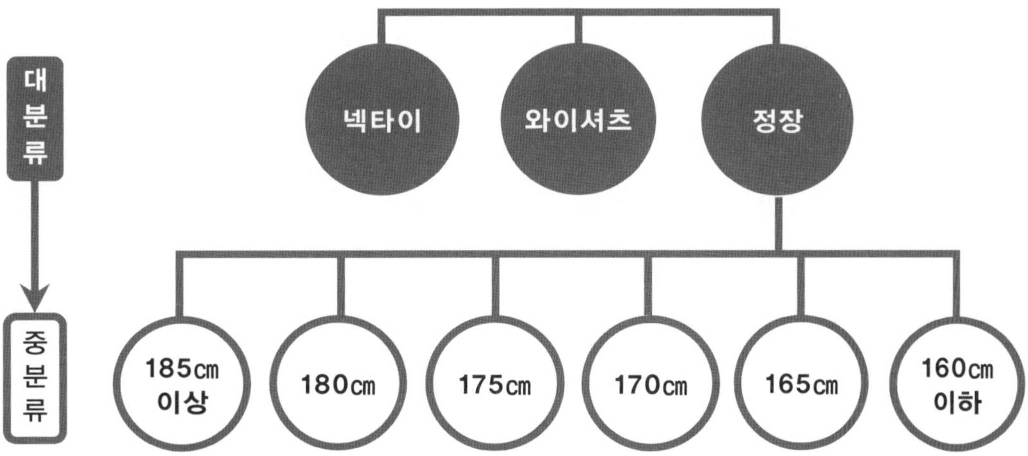

출처: 《2008년판 점포 · 판매관리 퀵마스터》 기노시타 야스시 (同友館)

3. 진열면수계획: 페이싱(facing)

페이싱(facing)은 낱개의 상품을 어느 선반의 몇 단 째에 진열할 것인지, 또 왼쪽에서(혹은 오른쪽에서) 몇 번째 열에 몇 개나 진열할지를 계획하는 일이다. 예전에는 손으로 진열구성표를 그렸지만, 최근에는 컴퓨터의 CAD기능을 사용하여 자동으로 진열구성표를 만들어주는 소프트웨어 '프라노그램'이 보급되어 컴퓨터로 완성된 표를 보며 매장에 상품을 진열하게 되었다. 그래서 직접 진열구성표를 작성할 기회도 점점 줄고 있다.

진열면수계획의 원칙을 살펴보면 다음과 같다.

① 판매수량이 많은 아이템은 진열수를 늘린다.

② 같은 열이라면 왼쪽에 가장 팔고 싶은 아이템을 진열한다(사람의 시선은 왼쪽에서 오른쪽으로 움직이는 경향이 있기 때문).

③ PI(Purchace incidence)값이 높은 상품은 아래쪽에 진열한다.

④ 아이템의 증가로 진열면수계획을 세우기 어렵다면 아이템을 줄인다.

⑤ 곤돌라 엔드에는 판촉상품, 팔고 싶은 상품을 진열한다.

진열 열수를 늘리면 다음과 같은 장점이 있다.

① 진열면수를 늘린 상품의 매출이 증가한다.

② 점두 재고수가 증가하므로 수량부족으로 인한 기회손실이 줄어든다.

③ 발주·보충비용이 절감된다.

거꾸로 진열면수를 감소시켰을 때는 다음과 같은 장점이 있다.

① 상품구색을 확장할 수 있다.

② 상품을 새로 들이거나 철수하기 쉽다.

③ 진열면수를 줄여도 상품매출에 변화가 없는 경우는 상품의 매출효율이 높다는 뜻이다.

진열구역계획(zoning) 사례

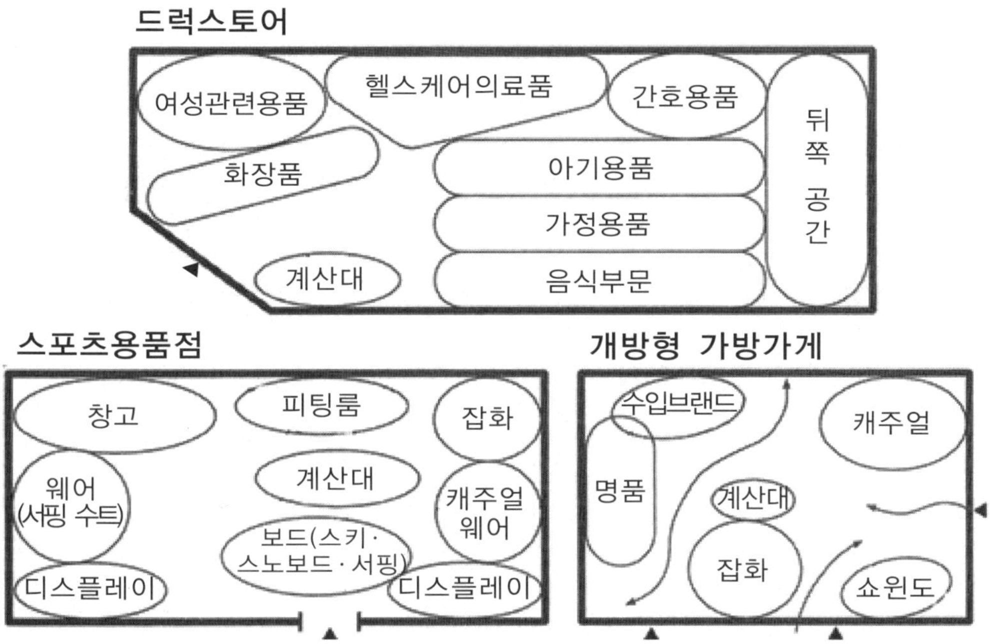

출처: 《멋진 거리를 만드는 훌륭한 가게(すてきな街をつくる素晴らしい店)》 상업시설기술단체연합회

진열구역(zoning)의 기본

	가격	구매빈도	계획구매성	매출구성비
점포 안쪽	고	저	계획적	25%
점포 중앙	중	중	모두 가능	50%
점포 앞쪽	저	고	비계획적	25%

진열면수계획(facing) 원칙

판매실적이 진열면수를 늘린다!

	A 아이템	B 아이템	A 아이템	B 아이템
진열면수 배분	●●●	▲▲▲	●●●●●	▲
매출지수	100		130	

PART 6

점포 내에서 상품을 얼마나 잘 팔 것인가?

인스토어 머천다이징(ISM)에 따른 점포활성화

1. ISM에 따른 객단가 향상을 도모한다.
2. ISM으로 객단가 세분화
3. 프라노그램으로 쇼핑하기 쉽게
4. ISP로 구매수량 증대
5. 비가격주도로 판매를 촉진한다.
6. 연관진열로 구매수량 증대

1 ISM에 따른 객단가 향상을 도모한다.

비계획 구매비율이 높다 → 점내 고객이 많은 상품을 구매하도록 유도한다.

1. ISM이란?

ISM은 인스토어 머천다이징(In-store merchandising)의 약자로 점포 내에서 실시하는 전반적인 머천다이징 정책을 가리킨다. ISM은 일본의 슈퍼마켓 업계에서 보급된 개념으로 슈퍼마켓 업계뿐 아니라 소매업 전반에 걸쳐 적용되고 있다.

소비자의 구매형태를 계획성이라는 관점에서 보면, ① 계획구매(방문 전에 미리 구입품목을 정하고 나서 구매한다.)와 ② 비계획구매(방문 전에 미리 구입품목을 정하지 않고 점포에 방문한 후에 구매품목을 정한다.)로 나눌 수 있다.

일본의 소비자가 슈퍼마켓에서 구매하는 형태를 살펴보면, ②의 비계획구매 비율이 80%를 차지할 정도로 높다는 점이 ISM 도입을 서두르게 했다. 즉 '비계획구매 비율이 높다 → 점내에서 많은 상품을 구매하도록 유도한다 → 객단가 향상'의 도식이 그려지기 때문이다.

ISM의 특징은 다음과 같다.

① 고객 수가 아니라 객단가 향상에 초점을 맞춘다.
② 고객이 점내에서 어떻게 움직이는지, 특히 시인성40)을 중시한다.
③ 객단가를 향상시켜 매장의 생산성을 높인다.

ISM의 목적은 '쇼핑하기 쉬운 매장', '구매수량이 늘어나는 매장'을 만들고 객단가 향상을 통해 점포의 활성화를 도모하자는 것이다.

2. ISM의 구성요소

ISM은 점내에서 소비자를 자극하는 '인스토어 프로모션(ISP)'과 쇼핑하기 쉬운 레이아웃, 매장을 설계하는 '스페이스 매니지먼트'로 나눌 수 있다. ISP는 엔드진열 등의 점내 판촉활동을 가리키는 말로 ①가격주도형 ISP와 ②비가격주도형 ISP로 구분할 수 있다.

---

40) 視認性, 색이나 콘트라스트 해상도 등의 요인으로 지배되는 가시화상이 얼마나 보기 편한지를 종합적으로 나타낸다.

한편 스페이스 매니지먼트는 ① 진열구성계획(프라노그램 활용)과 ② 스페이스 어로케이션(space allocation, 플로어 매니지먼트)으로 나눌 수 있다. 진열구성계획이란 상품 카테고리별로 어떤 아이템을 어떤 선반, 어느 단에 몇 면으로 구성하고 몇 개나 진열할 것인지를 계획하고 관리하는 일이다. 플로어 매니지먼트란 고객의 동선을 의도적으로 바꾸어가는 관리기법이다.

3. 스트레스 프리 매장 만들기

최근 쇼핑 스트레스라는 말을 자주 듣는다. 소비자는 쇼핑이 즐겁지만 때로는 고통스럽게 느낄 때도 있다는 뜻이다. ISM은 고객이 편안한 마음으로 매장을 순회하다가 사고 싶은 상품이 진열된 곳이 눈에 띄면 기왕 온 김에 사두자는 식의 충동구매로 이어지는 매장을 꾸미자는 데 목적이 있다. 고객이 백 명이라면 백 명이 모두 스트레스를 전혀 느끼지 않는 매장을 만들기는 물론 어렵다. 그렇더라도 가장 이상적인 모습에 다가서려는 노력이 바로 ISM을 실시하는 궁극적인 목적일 것이다.

매출액의 구성요소

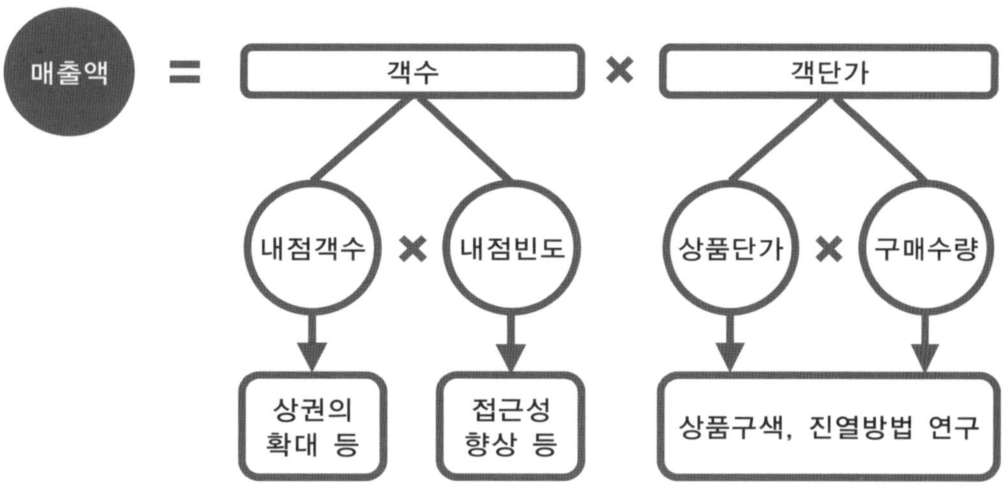

2 ISM으로 객단가 세분화

구매수량, 평균구매단가 증대로 객단가를 늘린다.

1. ISM의 공식

일반적으로 소매점의 매출은 「매출액 = 객수 × 객단가」이다. 또 객단가는 「객단가 = 한 명당 구매수량 × 한 상품당 평균구매단가」로 계산한다. 이 공식에서 객단가를 향상시키려면 고객 한 명당 구매수량을 높이거나 한 상품당 평균구매단가를 높여야 한다.

ISM(인스토어 매니지먼트)에서는 객단가를 다음과 같이 세분화하여 산출한다. 세분화하는 편이 원인이 무엇인지 파악하기 쉬워 대책을 세우기도 수월하기 때문이다.

ISM에서의 객단가 = 동선길이 × 정지율 × 시인율 × 구매율 × 한 명당 구매수량 × 한 상품당 평균구매단가

ISM에서 정의하는 객단가의 공식은 다음의 내용을 가르쳐준다.

① 객단가는 여섯 가지 요소로 나눠볼 수 있다.

② 객단가를 향상시키려면 점포 레이아웃, 진열구성이 중요하다.

③ 여섯 가지 항목 중 어느 한 항목이 제로가 되면 다른 항목이 아무리 훌륭해도 객단가는 제로가 된다(여섯 항목을 모두 곱한 값이므로).

ISM에서 말하는 객단가는 일반적인 객단가 구성요소인 한 명당 구매수량과 한 상품당 평균구매단가 이외에 동선길이, 멈춰선 비율(정지율), 시인율, 구매율에도 초점을 두고 분석한다. ISM의 목적은 앞서 열거한 각 요소를 극대화하여 객단가를 높이는 데 있으므로 각 요소는 독립적이라기보다 상호연관성이 있다.

따라서 구매율을 높이려면 시인율을 높여야 하고, 시인율을 높이려면 정지율을 높여야 한다. 따라서 ISM상에서 객단가를 높이려면 점포정책을 세울 때부터 종합적이고 계획적으로 접근해야 한다.

다만 ISM의 객단가는 어디까지나 이론상 공식이므로 실제로 이 공식을 통해 객단가를 계산하지는 않는다.

ISM을 산출하려면

ISM 객단가 — 각 요소를 극대화하여 종합적인 면에서 점포 정책 수립에 착수한다.

=

동선길이 — 객 동선의 길이

×

정지율 — 고객이 매장에 멈춰서는 정도

×

시인율 — 눈으로 직접 확인하는 정도

×

구매율 — 실제로 구매하는 정도

×

한 명당 구매수량

×

한 상품당 평균 구매단가

2. 각 요소의 최대화

(1) 동선길이

객동선이 얼마나 긴지를 가리키는 말이다. 동선길이는 고객이 점포 내를 충분히 순회하고 있는지를 나타내는 지표이다. 고객이 점포에서 다양한 정보를 수집하고 체류시간이 길어지면 동선길이는 늘어난다. 따라서 동선길이는 짧은 것보다는 긴게 낫다.

(2) 정지율

정지율이란 고객이 매장에 멈춰서는 정도를 말한다. 고객이 점내를 돌아다니는 과정에서 개개의 매장에 얼마나 멈춰 서는지를 통해 매장의 매력도(상품의 매력도 포함)를 종합적으로 측정하는 중요한 지표이다.

(3) 시인율(視認率)

시인율은 고객이 매장에 멈춰 서있는 동안 얼마나 많은 상품을 눈으로 보고 확인하는지를 나타내는 지표이다. 매장에 있는 상품의 위치나 진열공간, 상품분류 등이 시인율을 높일 수 있는 요소들이다. 상품의 진열구역계획, 진열면수계획과 관련된 부분이다.

(4) 구매율

고객이 눈으로 직접 확인한 상품 중에서 몇 개나 구입했는지를 나타내는 지표이다. 상품의 매력도, 가격, POP 등의 판촉정보가 구매율을 높이는 요소들이다. 구매율은 Part 7에서 상세히 설명해둔 PI값과도 함께 활용한다.

고객 한 명당 구매수량은 고객이 한 명이 상품을 평균 몇 개나 샀는지를 나타낸다. 한 품목당 평균구매단가란 고객이 구매한 품목당 평균구매단가를 가리킨다.

객단가 구성요소

동선길이 점내를 얼마나 걸어 다니는가?

(상품의 배열, 마그네트 포인트[41], 점내 레이아웃)

×

정지율 각각의 매장에 얼마나 멈춰 서는가?

(엔드진열, POP, 진열구역)

×

시인율 상품을 얼마나 보는가?

(POP, VMD, 디스플레이)

×

구매율 얼마나 구매했는가?

(가격설정, POP, 판촉정책과의 연동, 실연)

×

구매수량 얼마나 많은 상품을 구매했는가?

(연관진열, 진열대 구역)

×

상품단가 얼마나 비싼 상품을 구매했는가?

(디스플레이, 상품구성 연구)

각 요소의 향상정책을 생각한다。

↓

객단가가 향상된다。

41) 자석을 이용한 POP 진열도구로, 좌측 그림에서 가운데 초록색 카드가 달려있는 장치를 가리킨다.

3 프라노그램으로 쇼핑하기 쉽게

상품의 진열위치, 진열량, 진열면수를 과학적으로 관리한다.

1. 프라노그램이란?

진열구성은 상품을 곤돌라(상품진열대)의 몇 번째 단에 몇 개나 진열할지를 결정하는 일인데, 이것을 도식화한 것이 진열구성표(프라노그램)이다. 매장에 진열할 수 있는 총 상품량에는 한계가 있으므로 상품을 어떻게 진열하느냐에 따라 매장효율(선반생산성)이 크게 달라진다. 프라노그램의 목적은 고객이 쇼핑하기 편리하도록 상품의 진열위치, 진열량, 진열면수 등을 과학적으로 계획하는 것이다.

고객이 원활하게 상품을 직접 눈으로 확인하고 집어볼 수 있도록 진열하면 같은 상품이라도 판매실적이 달라진다. 잘 팔리는 상품에는 많은 공간을 할애하고 잘 안 팔리는 상품은 줄이는 것이 프라노그램의 대원칙이다.

손으로 직접 진열구성표를 그리던 시대도 있었지만, 최근에는 컴퓨터 시뮬레이션 기능(CAD 기능)을 사용하여 작성한다. 따라서 일반적으로 컴퓨터를 활용한 자동진열구성 시스템을 프라노그램이라고 한다. 체인점의 경우 본부가 표준 진열구성표를 작성하고, 각 점포마다 존재하는 상권특성, 경합상황, 매장형태 등을 고려하여 조금씩 수정하여 매장에 적용한다.

2. 골든존과 자연시야

골든존(Golden Zone)은 고객이 손쉽게 상품을 집어보고 구입할 확률이 가장 높은 높이의 범위를 가리킨다. 흔히 남성은 70~160㎝, 여성은 60~150㎝라고 한다.

골든존과 비슷한 개념으로 '유효진열범위'가 있는데, 이는 상품을 쉽게 집어들 수 있는 범위를 말한다. 유효진열범위가 골든존보다 넓으며, 약 40~180㎝정도를 말한다.

반면에 자연시야란 사람이 진열대로부터 60㎝정도 떨어진 곳에서 바라봤을 때 시야에 들어오는 범위(가로폭)를 가리키는데, 약 90㎝이다. 편의점 등에서 사용하는 곤돌라 한 대의 폭이 90㎝인 이유는 바로 자연시야를 염두에 두었기 때문이다. 통로폭이 60㎝보다 좁아지면 당연히 자연시야도 좁아진다.

진열위치와 상품

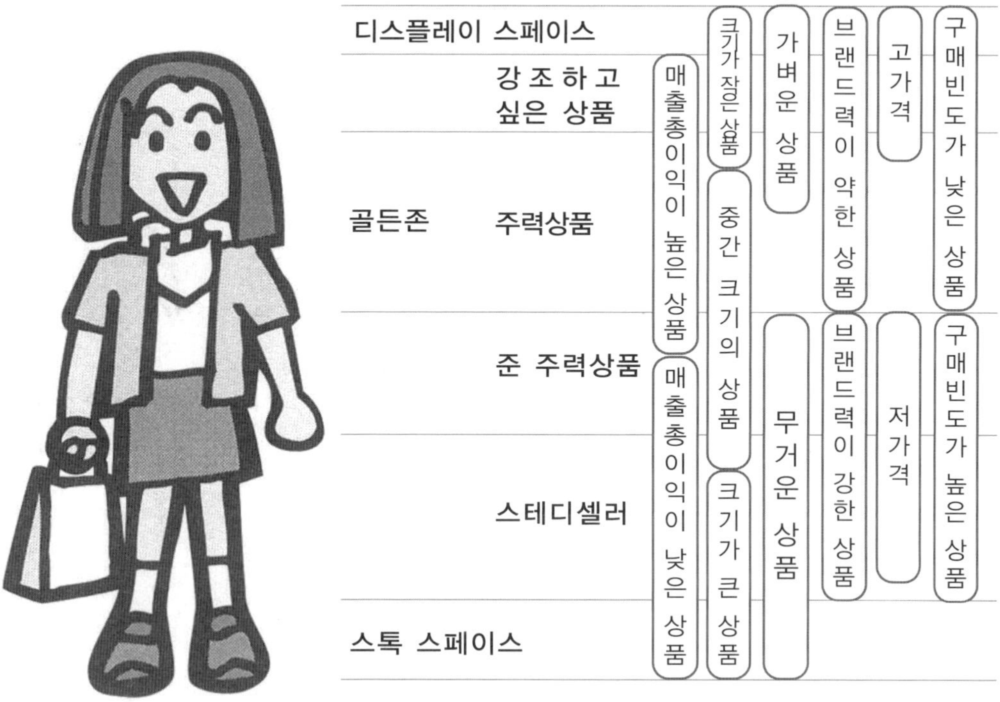

출처: 《2008년판 점포 · 판매관리 퀵 마스터》 기노시타 야스시(同友館)

3. 진열면수계획(facing)의 원칙

진열면수계획은 해당 상품을 어느 진열대의 어디에 몇 개 진열할 것인지를 결정하는 일로 여러 가지 원칙이 있다.

(1) 상하의 원칙

① 매출총이익이 높은 상품을 위에, 낮은 상품을 아래에
일반적으로 시선은 위에서 아래로 이동한다.

② 작은 상품을 위에, 큰 상품을 아래에
진열이 안정돼 보인다.

③ 가벼운 상품을 위에, 무거운 상품을 아래에
②와 마찬가지로 진열이 안정돼 보인다.

④ 브랜드력이 약한 상품을 위에, 강한 상품을 아래에
일반적으로 시선은 위에서 아래로 이동한다.

⑤ 고가상품을 위에. 저가상품을 아래에
일반적으로 시선은 위에서 아래로 이동한다.

⑥ 구매빈도가 높은 상품을 위에, 낮은 상품을 아래에

(2) 좌우의 원칙

① 인기상품을 오른쪽에.
일반적으로 시선은 왼쪽에서 오른쪽으로 이동한다.

② 인기상품의 오른쪽에는 신상품을.
①과 마찬가지로 일반적으로 시선은 왼쪽에서 오른쪽으로 이동한다.

스튜제품의 진열위치별 판매율

한 슈퍼마켓의 조사결과

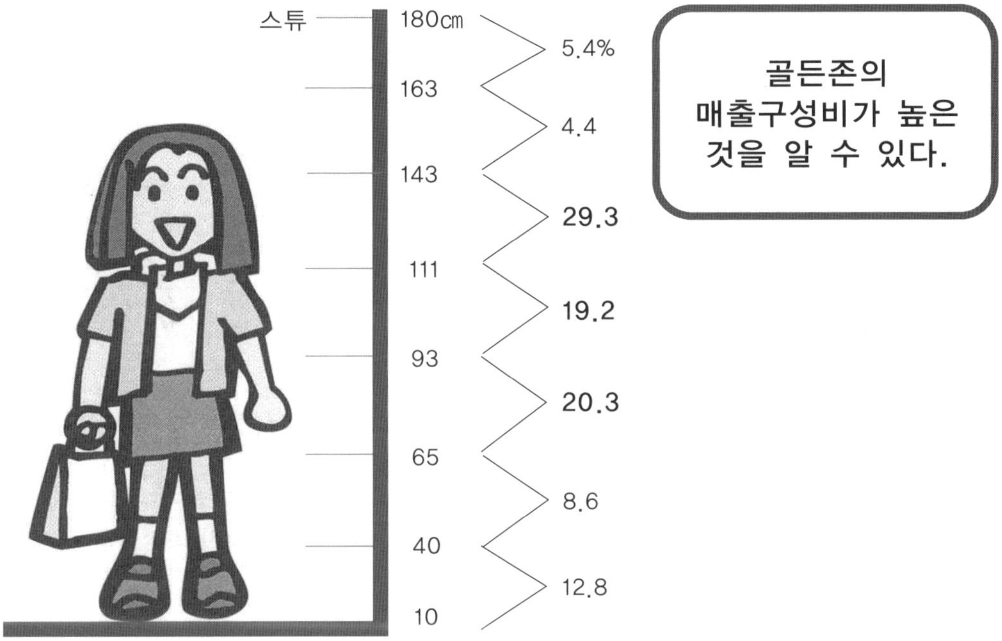

출처: 식품상업별책 《진열과 판촉의 교과서(陳列と販促の教科書)》(商業界)

자연시야

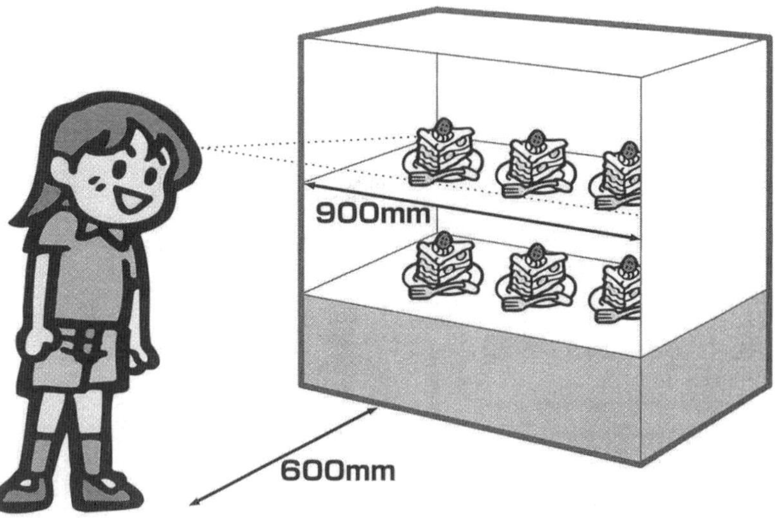

4 ISP로 구매수량 증대

엔드진열, 쿠폰, 전단지, 특가판매 등으로 구매수량을 늘린다.

1. ISP란?

ISP는 인스토어 프로모션(In-store promotion)의 약자로, 점포 내에서 각종 판매촉진 정책을 실시하여 구매수량을 늘리는 방법을 말한다. ISP는 ISM의 일부분이다. ISP는 가격주도형 ISP와 비가격주도형 ISP로 분류한다.

2. 가격주도형 ISP

(1) 엔드진열

엔드진열은 가격주도형 ISP의 대표적인 진열법이다. 엔드(end)는 곤돌라 엔드(양끝)를 가리키는데 이곳에 상품을 진열하는 것을 '엔드진열'이라고 한다. 슈퍼마켓이나 편의점의 곤돌라 엔드는 마그네트 포인트를 설치할 수 있는 진열 장소이므로 여기에 중점적으로 진열한다. 또한 고객의 주목도가 높으므로 프라노그램을 활용하여 효율적이고 효과적인 진열을 실시하여 판매효율을 높여야 한다. 엔드는 고객의 시선이 잘 멈추는 곳이므로 엔드를 효과적으로 활용한 판매계획이 필요하다. 구체적인 활용법을 열거하면 다음과 같다.

① 충동구매로 유도

② 신상품을 알리는 공간

③ 이벤트나 판촉을 실시하는 공간

④ 특매품 코너

ISP란?

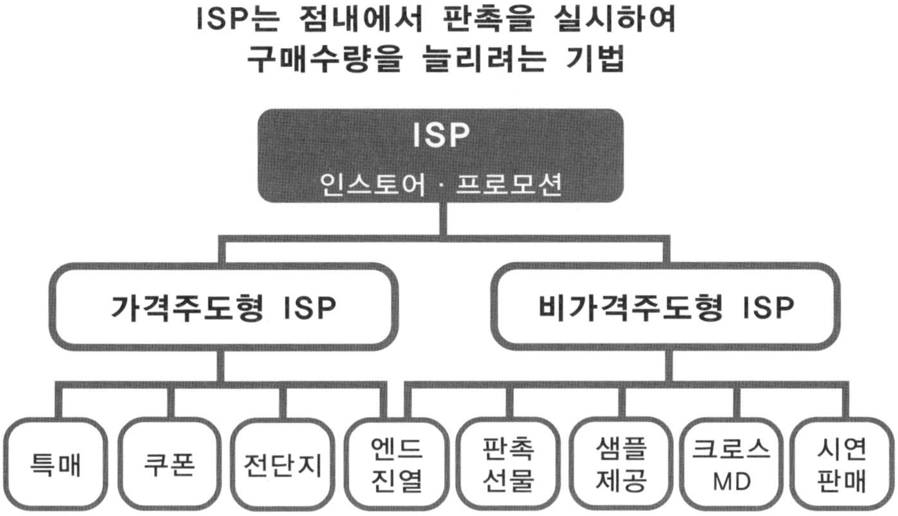

ISM의 구조

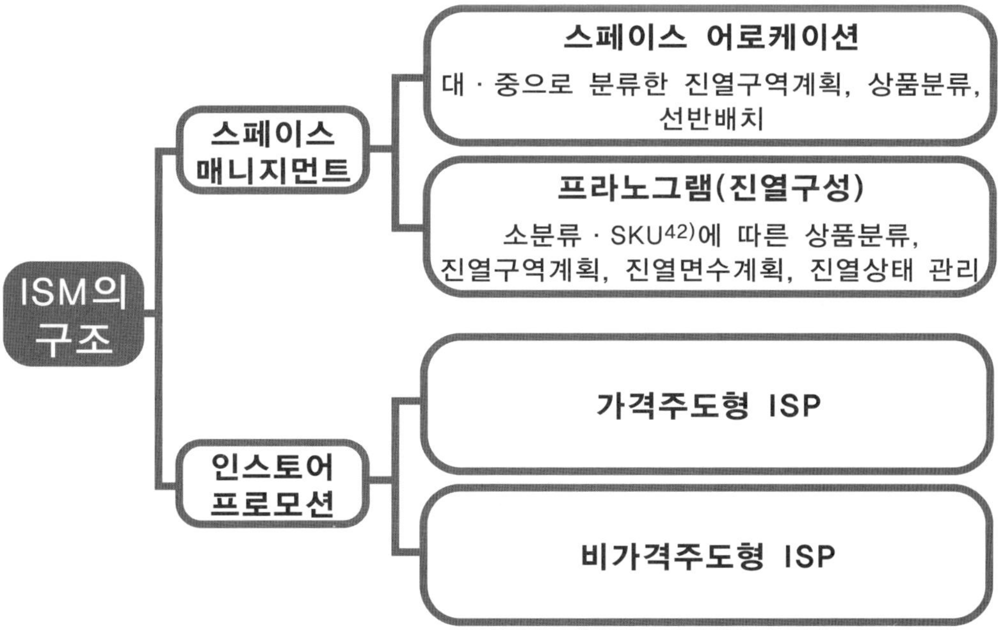

42) SKU(stock, keeping, unit) : 재고관리코드

(2) 쿠폰

쿠폰은 소매업이나 제조업체가 소비자의 구매를 촉진하고 이야기꺼리를 만들기 위해 발행하는 상품권이나 우대권을 말한다. 발행주체에 따라 ① 제조업체 쿠폰, ② 소매업체 쿠폰으로 나눌 수 있다. 전단지나 신문, 잡지 등에 인쇄된 쿠폰을 오려서 해당 점포에 가져가면 상품 구매 시 일정금액을 할인해주기도 한다. 쿠폰은 통상적으로 사용기한이 명기돼있다.

쿠폰은 다양한 형태로 제공되는데, 상품 포장 겉 부분에 붙여두기도 하고(on pack coupon), 상품 포장 속에 삽입하기도(in pack coupon) 한다. 일부 점포에서는 점내에 쿠폰 발행기를 설치하여 즉석에서 뽑아주지만, 차기 방문 시에 사용해야 하는 경우가 대부분이다.

최근에는 인터넷으로도 쿠폰을 배포하는데, 프린터로 인쇄하여 사용할 수 있다는 편리성 때문에 인기가 높다. 또, 휴대전화를 사용한 모바일 쿠폰[43]도 널리 활용되고 있다.

(3) 전단지

광고를 인쇄한 모든 매체를 가리킨다. 전단지에는 신문에 삽입되어 배포되는 신문용 전단지, 전단지를 각 가정의 우체통에 직접 넣는 포스팅(posting), 거리에서 보행자에게 나눠주는 전단지 등이 있고, 최근에는 휴대전화에 직접 송신하는 모바일 전단지도 출시되었다.

요즘들어 신문을 구독하지 않는 가정이 느는데다가 전단지의 내용 또한 정형화되면서 신문 전단지의 효과도 점차 사라지고 있다.

(4) 특가판매

특가판매란, 전단지 등에 게재한 상품을 특별한 가격으로 판매하는 일이다. 전단지 게재기간 동안은 저렴하지만, 특가판매기간이 끝나면 상품은 정상가격으로 되돌아간다. 이러한 특가판매정책을 미국에서는 '하이로우 프라이싱(high-low pricing)'이라고 한다.

소비자도 점차 현명해져서 '로우'일 때 상품을 구매하려는 경향이 생긴다. 이런 '하이 앤드 로우 프라이싱'의 단점을 보완하는 가격정책으로 EDLP 정책(Every Day Low Price)이 있다. EDLP 정책을 채택하려면 EDLC(Every Day Low Cost) 정책이 선행되어야 한다. 비용 절감이 가능하기 때문에 가격을 낮춰서 팔아도 이익을 창출하는 구조가 되는 것이다.

---

43) 일본어로는 '携帯クーポン(휴대쿠폰)'라고 한다.

ISM으로 적정한 점포운영

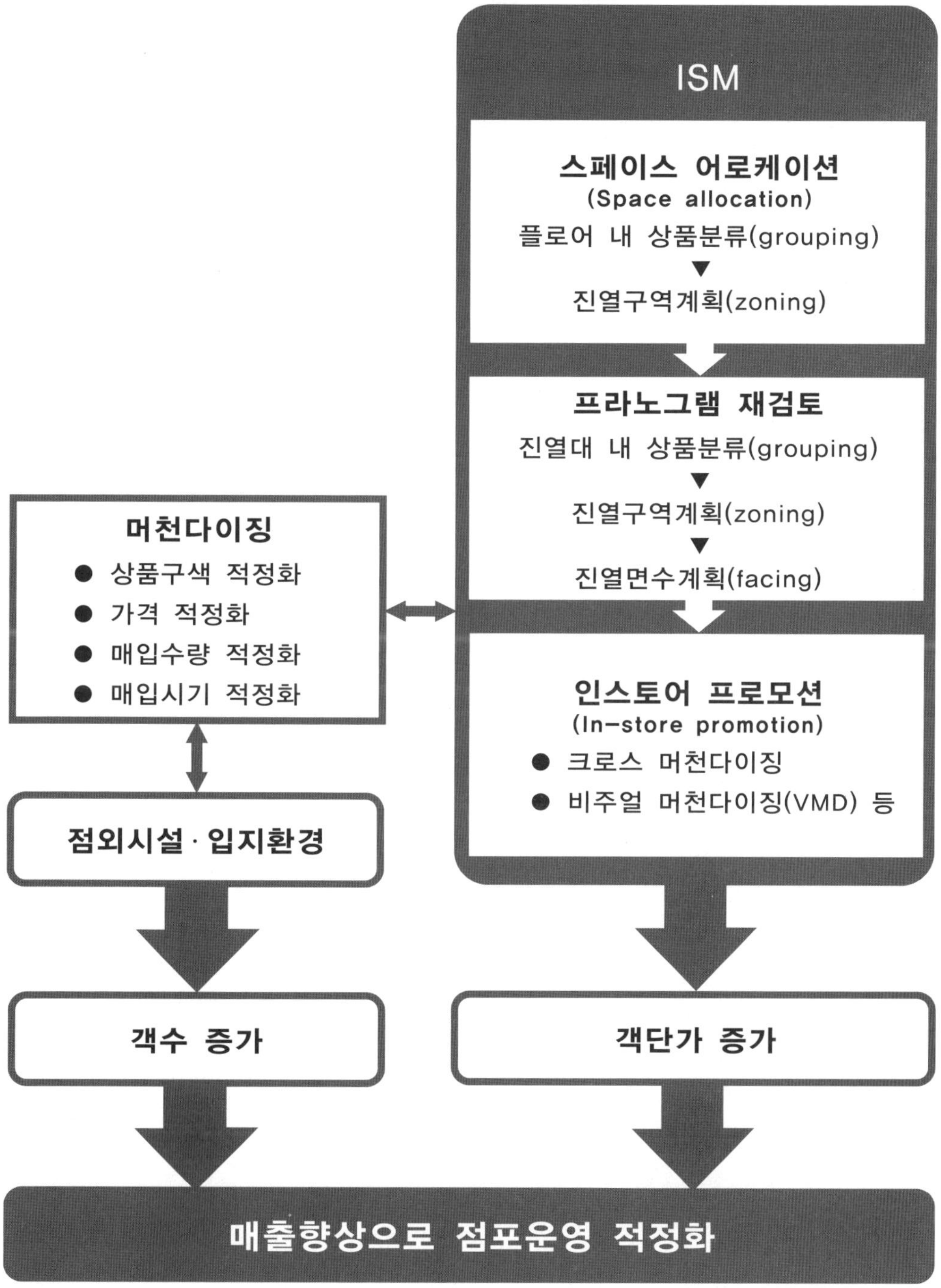

5 비가격주도로 판매를 촉진한다.

시연판매, POP, 크로스 MD, 판촉선물, 샘플제공

1. 시연판매란?

데먼스트레이션(Demonstration) 판매라고도 하는데, 점두에서 상품의 사용법이나 조리방법을 직접 보여주면서 해당 상품의 기능이나 성능, 편리성을 소비자에게 체험하게 하여 판매효과를 높이는 방법이다.

식품코너에서는 조리방법을 시연하면서 시식을 권하고, 일용잡화코너에서는 사용방법을 보여준다. 신상품의 시험구매에 효과적이다. 시연을 담당하는 사람을 시연판매자(demonstrator) 혹은 마네킹[44]이라고 부르기도 한다.

소비자의 구매심리를 흐름으로 나타낸 모델에 AIDMA 법칙이란 것이 있다. 소비자는 상품에 ① 주목(Attention)하고 ② 흥미(Interest)를 갖고, ③ 갖고 싶다(Desire)고 생각하고, ④ 기억(Memory)한 다음, ⑤ 구매행동(Action)으로 옮긴다. 시연판매는 AIDMA 법칙 중에서 주목과 흥미를 자극하여 ⑤의 구매행동으로 단숨에 옮겨가도록 하자는 마케팅 기법이다.

2. POP, 크로스 MD, 판촉선물, 샘플제공

POP(Point Of Purchase) 광고란, 구매시점 광고를 가리킨다. POP는 제2의 세일즈맨이라고 불리며 고객에게 정보를 전달한다는 면에서 점내 판촉물 역할을 톡톡히 해내고 있다. 스토어 콘셉트나 상품의 장점을 고객에게 전달하여 고객의 구매행동을 지원한다.

예를 들어 와인 전문점에는 와인의 산지, 포도의 수확연도(Vintage), 맛과 향, 보관방법 등 고객이 원하는 정보를 브랜드별로 POP에 작성하여 해당 선반에 달아둔다. 점포가 팔고 싶은 상품을 알 수 있고 고객의 구매의욕도 촉진한다.

크로스·머천다이징은 한 가지 상품에 한정하지 않고 연관된 상품도 함께 진열하여 연관구매를 촉진하는 기법이다. 크로스·머천다이징의 효과는 다음과 같다.

① 구매수량이 증가하고, ② 구매 건망증을 예방하며, ③ 타점으로의 고객유실을 방

---

44) mannequin, 프랑스어를 영어식으로 읽은 것으로 주로 부인복 매장에서 판매를 담당하거나 착용 등을 돕고, 백화점 식품코너 등에서 시연만을 전담하는 사람을 이렇게 부른다.

지하고, ④ 고객이 매장 여기저기를 돌아다니지 않아도 된다.

판촉선물(novelty)이라고 하면 회사명이나 브랜드명이 들어간 달력, 볼펜, 수첩, 수건 등을 떠올릴 것이다. 이렇게 기념품 등의 형태로 증정되는 물건을 가리킨다. 판촉선물은 즉효성보다는 지속적인 호의를 베풀어달라는 데 중점을 둔 ISP(인스토어 · 프로모션) 기법이다.

샘플제공(Sampling)은 제조업체가 무상으로 제공하는 시험용 제품을 말한다. 소비자는 처음 사용하는 상품의 품질이나 기타 요소에 의구심을 갖기 마련이다. 제조업체는 소비자의 불안감을 없애고 타사제품과의 구매전환(brand switch)을 목적으로 샘플을 제공한다. 샘플을 제공하는 방법에는 제품 겉포장에 샘플을 추가한 온팩(on-pack), 제품 내에 샘플을 삽입해둔 인팩(in-pack), 제품과 별도로 샘플을 제공하는 오프팩(off-pack)의 세 종류가 있다.

구매품목 수의 증가와 크로스 머천다이징

〈구입품목 수 증가효과〉

10,000명 × 100원 = 1,000,000원
(객수) (객단가)
↓
10,000명 × 110원 = 1,100,000원

단가를 10원 올리면, 신규고객을 천 명 개척한 것과 같은 효과가 있다.

〈크로스 머천다이징〉

• 동시소비 • 구매빈도 동등

6 연관진열로 구매수량 증대

고객이 찾아내기 쉽도록 관련된 상품을 근처에 진열한다.

1. 연관진열이란?

같은 종류의 상품이나 관련된 상품을 고객이 쉽게 찾아내도록 근처에 진열하는 기법을 연관진열이라고 한다. 고객이 상품을 찾기 쉬우면 구매수량이 증가하는데 이를 통해 객단가 향상을 노리는 머천다이징 기법이다.

연관진열을 매장 동선계획으로 분류하면 직선연관과 대면연관으로 나눠볼 수 있다. 또, Part 1에서 소개한 크로스 머천다이징, 스크램블드 머천다이징 등도 연관진열의 한 기법으로 볼 수 있다. 연관진열의 목적은 객단가 향상에 있기 때문이다.

2. 직선연관이란?

직선연관진열이란 고객이 상품을 구매하는 순서대로 진열하는 것을 말한다. 예를 들면 슈퍼마켓의 신선품 코너는 점포 입구에서 청과코너, 생선코너, 정육코너로 이어진다. 다음으로 음료나 냉동식품 코너가 있으며, 마지막으로 반찬코너가 있고 그 다음에 계산대로 이어지는 게 일반적인 레이아웃이다.

목적구매비율이 높은 주류나 반찬류는 레이아웃의 마지막에 배치하는데, 그 사이에 많은 상품을 직접 보게 하여 구매수량 증가를 꾀하려는 것이다. 통로설계는 당연히 원웨이 컨트롤이어야 한다.

3. 대면연관이란?

대면연관진열은 관련된 상품을 통로를 끼고 서로 마주보게 진열하는 방법이다. 예를 들면 ①슈퍼마켓의 과자매장으로 통로를 끼고 비스킷과 초콜릿을 진열한다. 또 ② 편의점의 맥주 냉장고 맞은편에는 안주(진미오징어)를 진열한다.

곤돌라의 열수가 많은 슈퍼마켓이나 드럭스토어에 가면 곤돌라의 앞뒤로 같은 카테고리의 상품을 진열한 것을 볼 수 있다. 이렇게 진열하면 고객이 사고 싶은 상품을 찾는데 곤돌라를 한 바퀴 돌아야하므로 쇼핑하기에는 번거로운 매장이 된다. 통로를 끼고 마주보는 방향에 진열해야 구매수량과 객단가를 함께 높일 수 있다.

연관진열을 실행하기 전에 반드시 장바구니 분석을 실시하여 함께 구매하는 상품이 무엇인지 파악해 두어야 한다. 장바구니 분석에 대해서는 Part 7의 연관구매 분석편을 참고하길 바란다.

연관진열의 방법

〈직선연관〉

식품 슈퍼마켓의 레이아웃과 객동선

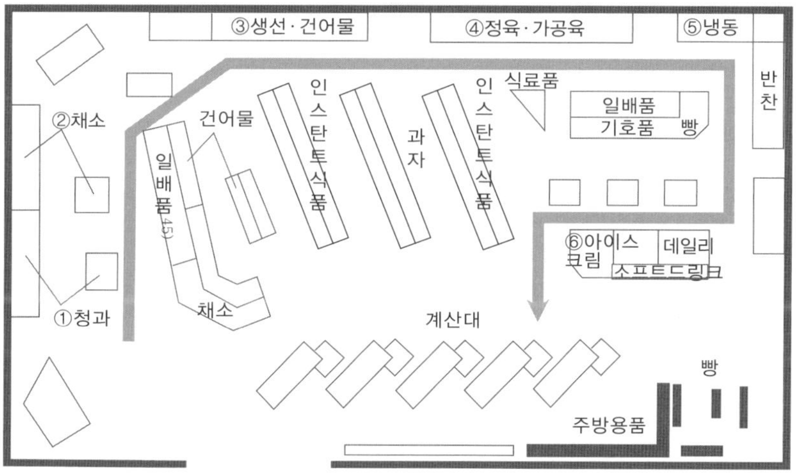

〈대면연관〉

편의점

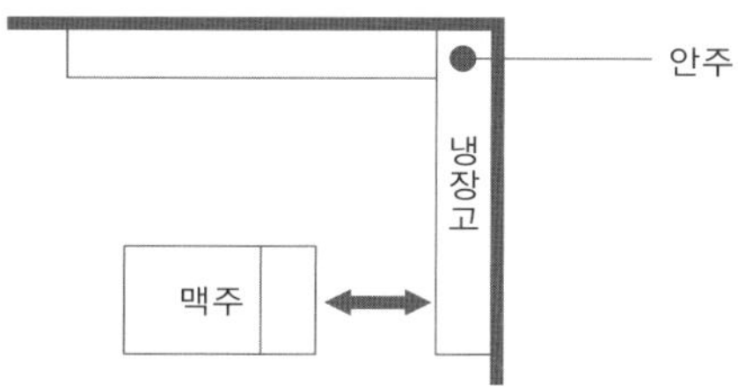

45) 데일리 푸드의 뜻으로 패스트푸드, 유제품, 생면, 만두 등을 가리킨다.

PART 7

정보화는 어떻게 진전될 것인가?

전체적인 최적화에 따라 상거래의 효율화 · 인력절감 촉진

1. EDI로 기업 간 거래의 효율화
2. POS 데이터는 정밀도를 유지하며 활용
3. SCM으로 전체 유통경로의 최적화 도모
4. ECR과 QR로 유통 효율화
5. FSP로 우량고객 고정화
6. 연관구매분석으로 상품 간 상관관계를 명확히
7. 단품별 PI값으로 고객지지율 향상
8. 물류, 로지스틱스로 상품유통을 빠르게
9. EC로 고객을 개척하고 새로운 수요를 창출

1 EDI로 기업 간 거래의 효율화

EOS는 작업의 효율화 및 매입시점의 단품관리

1. EOS란?

EOS(Electric Ordering System)란 컴퓨터 단말기와 네트워크를 사용하여 상품의 수주와 발주를 효율적으로 실시하는 시스템이다. 보충발주시스템46)이라고 부른다. 체인점을 비롯한 다수의 소매점은 발주 작업을 효율화하고 노동력을 절감할 목적으로 EOS를 도입하고 있다.

EOS에는 다음과 같은 특징이 있다.

① 발주측 데이터를 입력한다.

② 표준화된 상품코드를 사용한다.

③ 납품까지 효율적으로 작업할 수 있다.

④ 단품정보를 수집할 수 있다.

⑤ 상품관리 및 재고관리를 더욱 꼼꼼히 할 수 있다.

EOS는 머천다이징의 정확도를 높이는 데에도 큰 힘을 발휘한다. EOS는 발주에 있어서 PDCA, 즉 계획(plan) → 실행(do) → 통제(check) → 행동(act) 사이클을 실행시키는 것이다. EOS에서는 무엇을, 몇 개, 언제 발주하느냐는 세 가지가 매우 중요하다. 따라서 점포의 재고수량을 단품별로 꼼꼼히 확인하여 과부족이 발생하지 않도록 발주에 신경 써야 한다. 발주에 '의욕을 고취시킨다.'는 것은 왜 이 상품을 발주하는지를 자문자답하는 일이다. 발주정확도는 매일 발주 시마다 PDCA 사이클을 실행하면서 가설 · 실행 · 검증을 반복해야만 향상된다.

2. EOS 데이터 활용

머천다이징의 관점에서 EOS를 단순한 수주 및 발주의 효율화를 위한 시스템이라고만 봐서는 EOS 전체모습을 오해할 수 있다. EOS의 특징에서 확인한 것처럼 EOS 데이터는 단품별로 입력한다.

---

46) 일본어로는 '自動補充発注システム(자동보충발주시스템)'라고 한다.

컴퓨터 처리에 따른 EOS 효과

a. 재고관리시스템과 연결

결품 방지
정확한 발주 데이터를 수신하여 남아있는 안전재고의 수준을 낮출 수 있다.

b. 물류시스템과 연결

수주데이터를 바탕으로 출하명세표를 작성하고, 상품구색작업에 필요한 노동력을 줄일 수 있다.
데이터 입력 작업을 덜 수 있어, 수작업에 비해 수주에서 납품까지 걸리는 시간이 절감된다.
출하검품정보를 납품정보로 사전에 납입처에 전송함으로써 상품을 받을 준비 및 검품작업에서 노동력을 줄일 수 있다.

c. 청구·지불시스템과 연결

턴어라운드 발주[47]처럼 상품이 발주한대로 납품되었을 때 발주데이터를 매입데이터로 이용할 수 있다. 매입검수도 합리화를 꾀할 수 있다.
매입데이터에 근거하여 채권·채무 데이터로 변환할 수 있다.

컴퓨터 처리에 따른 EOS 효과

스캐너 터미널(Scanner Terminal, ST)

- 검품이나 진열위치 등록, 선도관리 등에 사용한다.
- 각종 데이터를 SC에 신속하게 전송할 수 있다.
- 상품을 정확하고 효율적으로 관리하는 데 도움을 준다.

47) Turnaround 발주: 대부분의 발주정보가 출고메시지에 그대로 전기되어 소매업체로 되돌아오는 거래 형태를 가리킨다.

따라서 매일 실시하는 발주데이터를 분석하면 매입시점에서 단품분석이 가능하다. 만일 매입한 상품이 전부 팔렸으면 단품 매입데이터는 곧 매출데이터가 된다. 따라서 EOS에서도 매출분석이 가능하다. 대형 편의점 체인에서는 PMA(Product Movement Analysis, 상품동향분석) 분석표를 사용하여 상품의 서브카테고리별로 매입시점의 데이터를 분석한다.

또한, 주문을 받는 쪽인 도매업의 EOS 데이터는 수주데이터가 되어 픽킹 데이터, 납품 데이터로 모습을 바꾼다. 도매업에게 EOS는 소매업의 POS 시스템에 해당하며, '수주 효율화 → 픽킹 효율화 → 납품 효율화 → 검품 효율화'로 위력을 발휘한다.

3. EDI란?

EDI(Electronic Data Interchange)란 기업 간 상거래 데이터를 컴퓨터와 네트워크를 이용하여 주고받는 것으로 전자문서교환이라고도 한다. EDI는 수주 및 발주의 온라인화에서 그치지 않고 기업 간 거래의 효율화를 목표로 한다. 소매업과 도매업의 관계를 EDI로 보면, EOS가 단순히 수주 및 발주의 효율화를 위해 만들어진 데 반해 EDI는 소매업과 도매업 간의 납품전표, 청구서 발행, 청구·지불의 결제관계, 납품 시 사전 출하명세표 등을 주고받기까지 응용범위가 넓다. 기업 간 거래가 EOS에서 EDI로 확대되는 것도 어찌 보면 당연한 흐름이라고 하겠다.

EDI를 도입하려면 기업 간 데이터 교환을 위해 전표 포맷이나 통신 포맷 등 '비즈니스 프로토콜'을 통일해야 한다. 특히 기업코드, 상품코드, 거래조건 코드를 먼저 통일시켜야 한다.

EDI가 발전하면 기업 간 연결고리가 더욱 단단해져서 기업 간 전략적 제휴로 발전할 수도 있다. 전략적 제휴란 기업과 기업(예를 들면 제조업과 소매업)이 장기적, 전략적으로 손을 잡는 일이다. 전략적 제휴가 활발히 이루어져서 PB상품을 개발한 사례도 있다.

소매업의 EOS 도입 시 장점

발주작업의 합리화

① 발주 시 전표에 기입하지 않아도 되므로 발주시간을 단축할 수 있다.
② 발주처를 의식하지 않고 점두재고량에 따라 발주할 수 있다.
③ 발주 작업이 표준화되므로, 상품지식, 매입업무에 숙련되지 않은 아르바이트 사원도 발주할 수 있다.

상품관리 정확도 향상

① 점두재고의 품절로 인한 손실을 절감하여 상품의 회전율을 향상시킬 수 있다.
② 상품의 선도관리가 향상된다.
③ 리드타임이 단축되어, 창고재고가 줄어든다.

사무처리 생상성 향상

① 매입업무의 자동화는 곧 업무작업의 합리화, 노동력 절약으로 이어진다.
② 납품이 정확해지므로 매입업무를 간소화(오납 감소, 반품처리 감소)할 수 있다.
③ EOS 데이터 활용으로 인기상품, 쇠퇴기상품을 파악할 수 있다.

EOS 보충발주 데이터 입력 방식

입력방식	장점	단점
선반라벨 스캔 방식	상품의 진열위치순서로 입력할 수 있으며 조작성이 높고 작업효율이 높다.	선반라벨 등 발주환경의 엄밀한 정비가 필요
오더북[48] 스캔 방식	발주 작업 시, 많은 정보를 오더북에서 얻을 수 있다.	오더북 기입과 입력 작업이 중복된다.
EOB[49] 방식	선반라벨이나 오더북을 작성할 필요가 없으며 점포에서 운영하기 쉽고 비용도 저렴하다	발주정보나 진열대 관리 등 발주환경 정비가 가장 엄밀하게 요구된다.

출처: 《중소기업진단사 1차시험대책 강좌 텍스트 운영관리》 TBC수험연구소

48) Order book, 상품, 원재료, 영업소모품 등을 점포에서 주문하기 쉽고 실수가 없도록 품명, 품번, 주문 단위 등을 카테고리별로 목록화한 주문서를 말한다.
49) Electric Order Book, 전자발주대장을 가리킨다.

2 POS 데이터는 정확성을 유지하며 활용

매출확대인지, 객단가 향상인지, 비용절감인지 목적을 명확히 하자.

1. POS 데이터 활용 목적을 명확히

POS 데이터를 활용할 때는 목적을 명확히 해야 한다. POS 데이터 활용법에는 세 가지가 있다.

(1) 머천다이징 면에서의 활용=매출향상

- **판매가 정책**: 자사점포의 판매가 정책과 POS 데이터를 맞춰보고, PF(Price Face) 그래프 등을 사용하여 가격정책과 진열면수계획의 관계를 검증한다.
- **상품구색 정책**: 아이템과 가격을 축으로 한 매트릭스 표를 작성하고 상품구색에 빠진 항목은 없는지 확인한다.
- **신규상품 투입 및 개발**: 신규상품 도입률, 도입 후 라이프사이클 등을 확인한다.

(2) 인스토어 머천다이징 면에서의 활용 = 객단가 향상

- **스페이스 어로케이션**: 객동선 조사 등과 연결하여 매장 레이아웃이 적합한지를 판단한다.
- **프라노그램**: 선반, 페이스 수와의 관계를 검토하여 제대로 진열되었는지를 판단한다.
- **인스토어 프로모션**: ISP의 효과를 분석한다.

(3) 운영 면에서의 활용 = 비용절감

POS 데이터를 운영 면에서 활용한다는 것은, POS 데이터를 바탕으로 점포운영 면에서 불필요한 비용이나 낭비가 발생하고 있는지를 분석하고 비용을 절감하는 일을 말한다. 상품관리, 작업개선, 물류비용 등 세 가지 관점에서 고찰해볼 수 있다.

- **상품관리**: 판매가를 철저히 관리하고, 가격인하·손실 대책, 발주정밀도·속도 향상, 품절 방지, 단품별 재고관리 기준 설정
- **작업개선**: 발주·보충작업의 효율화, 요일별·시간대별 작업할당, 사원·파트타이머·아르바이트의 배치계획
- **물류계획**: 생산·가공계획, 배차·납품계획

POS 시스템의 구조

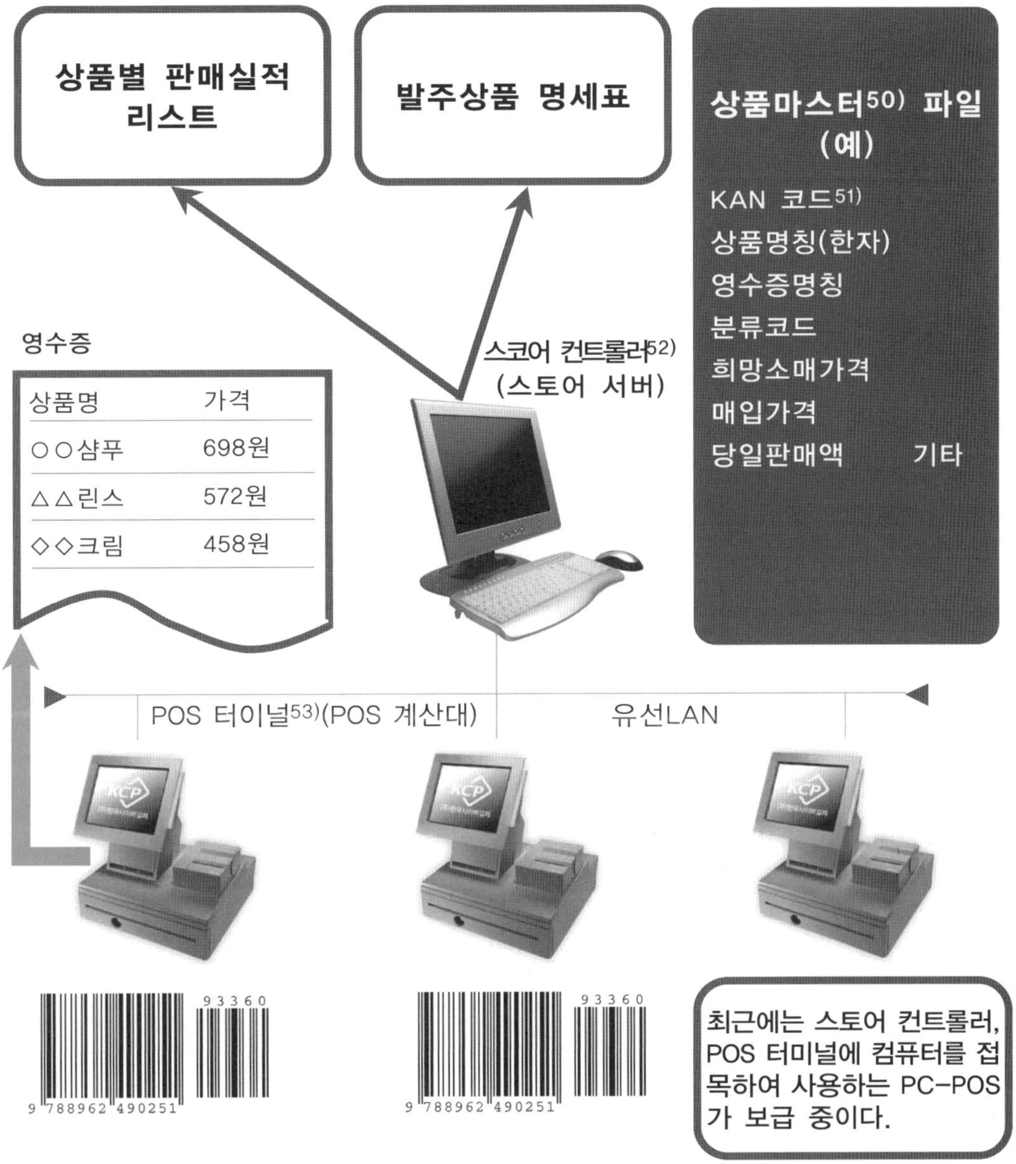

50) 상품마스터: 상품의 매입가격, 매입날짜, POS 등록일 등 상세내역을 말한다.

51) Korea Article Number, 한국에서 가장 널리 보급된 상품식별 코드 및 바코드 규격의 일종이다.

52) Store Controller, 점포 사무실에 설치된 컴퓨터로 POS 터미널과 LAN으로 접속되어 있다. 또한, POS 데이터를 수집하여 본부 컴퓨터로 송부하며, 점포 내 매출수량을 파악하여 매출을 계산하는 등 다양한 기능이 있다.

53) POS Terminal, 계산대에 있는 기기를 가리킨다. POS 터미널에 부속된 스캐너로 바코드를 읽고 상품 가격 계산, 잔돈 계산 등을 하며 영수증을 발행한다.

2. 데이터 정확도 유지

POS 데이터를 아무리 정교하게 분석해도 원래 데이터가 신뢰성이 낮다면 의미가 없다. 상품을 업그레이드하거나 폐기할 시기에 맞춰 정기적으로 상품 마스터를 점검하고 업데이트를 실시하여 데이터의 정확도를 유지, 향상 시켜야 한다.

3. POS 데이터 이외의 정보와 조회

POS 데이터는 만능열쇠가 아니다. POS 데이터는 '무엇이, 몇 개, 언제 팔렸다.'는 과거정보이기 때문이다. 또한 점포가 가장 원하는 정보, 즉 고객이 사지 않는 이유도 POS 데이터만으로는 알 길이 없다. 소매점이 과거정보를 분석하는 것은 미래정보, 즉 앞으로 무엇이, 몇 개 팔릴 것인지에 대한 정보가 필요하기 때문이다.

미래정보를 알려주는 단서가 소비자의 '왜 샀는가?'라는 구매이유정보이기 때문이다. 따라서 POS 데이터 이외의 정보, 예를 들면 요인정보(causal data)를 별도로 수집하여 POS 데이터와 교차 분석한다. 요인정보는 특가상품과 항상상품과의 차이, 전단지의 유무·배포범위, 경합점의 유무·휴일, 날씨·기온 등 '판매에 영향을 주는 요인정보'를 말한다.

요인정보는 POS 계산대에서 직접 수집하지 못하므로 다른 방법으로 수집·분석해야 한다.

4. 외부 POS 데이터 활용

POS 데이터는 자사점포의 정보 외에는 수집하지 못한다는 한계가 있다. 타점의 정보를 활용하려면 (재)유통시스템 개발센터[54]의 RDS(유통 POS 데이터베이스 서비스)나 닛케이(日経) POS 정보 등을 살펴봐야 한다. 닛케이 POS 정보는 2주 간격으로 상품의 서브 카테고리별 단품 매출수량, 판매단가, 시장점유율 등을 제공한다.

---

54) The Distribution System Research Insitute(DSRI), 유통의 시스템화를 목적으로 1972년에 설립된 전문기관으로 국제바코드관리단체인 '국제 EAN협회'의 가입단체(GS1 JAPAN)이다(우리나라는 'GS1 KOREA'로 '한국유통물류진흥원'에서 관련 업무를 맡고 있음). 주요 업무로는 JAN 코드 등의 코드번호 부여 및 등록업무에서 시작하여 현재는 상품데이터베이스, 판매현황, JAN 코드 등록 기업정보 및 검색서비스 등을 제공하고 있다.

데이터 활용과 데이터 견본

데이터 활용

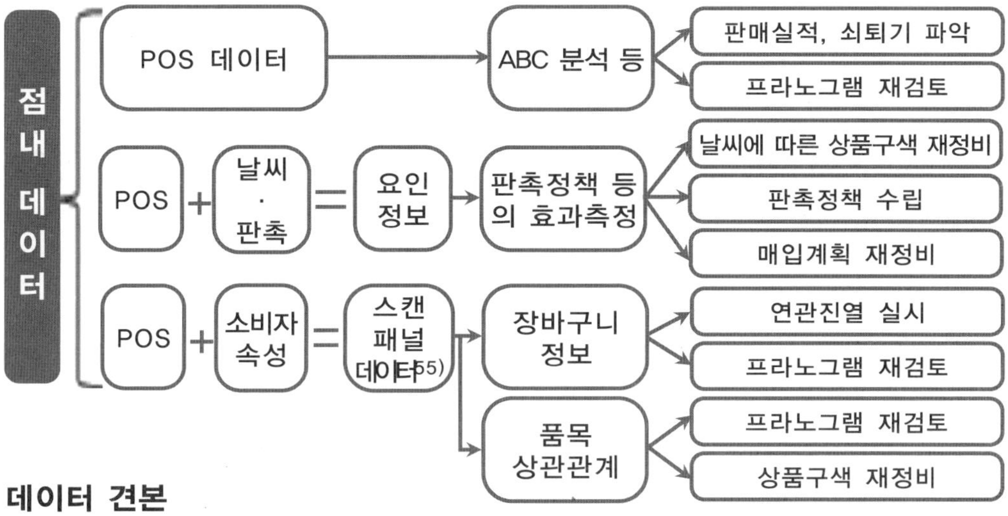

데이터 견본

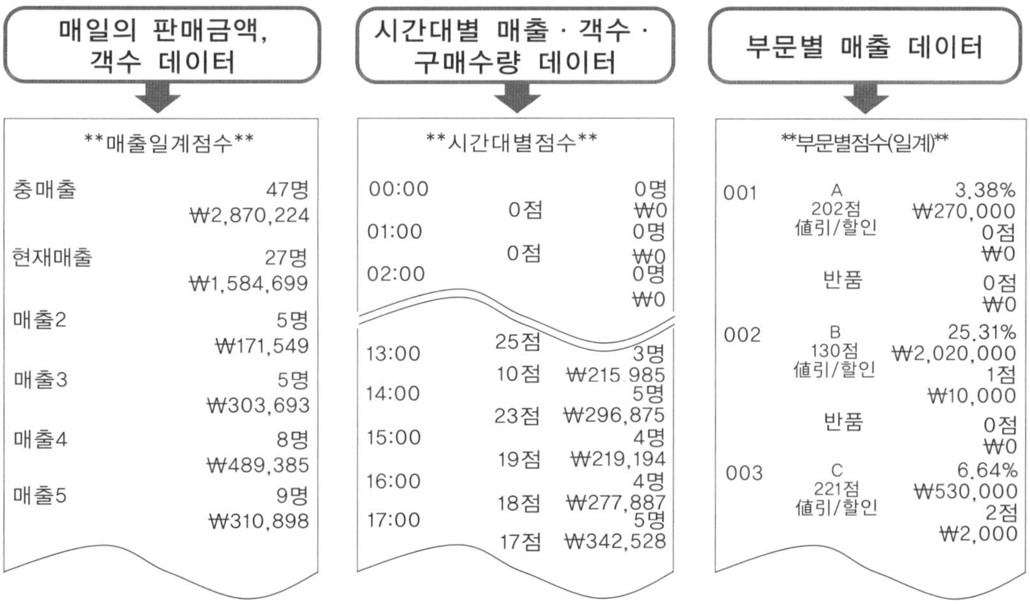

출처: 도시바 테크(東芝テック) 상품안내책자

55) Scan panel data, 소비자의 구매이력을 전용 스캐너로 수집 및 기록한 데이터를 말한다. 소매업체가 발행하는 포인트 카드나, 미리 조사대상으로 선정된 가정이 구입한 제품의 바코드를 스캔하는 홈스캔(Homescan, 휴대용 스캔 기기) 등으로 수집된다.

3 SCM으로 전체 유통경로의 최적화 도모

제판(製販)동맹은 특정분야에서 하나의 사업체처럼 운영한다.

1. SCM이란?

제조업체, 도매업, 소매업과 같은 상품의 조달, 제조, 가공, 판매 등의 유통경로전반을 공급망(Supplier chain)이라고 한다. SCM(Supplier Chain Management, 공급망 관리)은 상품의 흐름 전체를 적절히 관리하여 리드타임을 단축하고, 재고를 절감하며, 업무비용을 절감하고 고객만족도를 높이는 시스템을 말한다.

SCM이 도입되기 이전에는 판매, 공급, 제조의 각 단계에서 자기만 이익을 내면 된다는 식의 부분최적화 발상이 농후했다. 부분최적화를 추구하여 최종 소비자가 만족한다면 다행이다. 그러나 부분최적화만으로는 소비자가 진심으로 만족할만한 상품을 제공할 수 없다.

SCM은 판매, 공급, 제조의 각 단계에 종사하는 개개의 기업이 정보를 공유하여 마치 하나의 기업공동체처럼 전체 공급망 내 효율화에 힘쓴다는, 즉 전체 최적화가 핵심이다.

판매, 공급, 제조를 맡은 각 기업이 효과를 얻는다는 점에서 상생관계(Win-win)라고도 한다. SCM을 구성하는 요소로 다음에 설명하는 ECR과 QR도 전체 최적화를 목표로 만들어진 체제이다. 특히 패션업계나 식품·일용잡화업계에서 적극적으로 도입하고 있다.

2. 제판동맹

제판동맹(製販同盟)이란, 제조업과 소매업이 전략적으로 제휴(strategic alliance)하여 특정 분야에서 하나의 사업체처럼 운영하는 것을 말한다. 제판동맹을 맺을 때는 다음의 조건이 성립되어야 한다.

① 제조업자와 소매업자가 각각 보유하는 데이터(POS 데이터, 제조비용, 생산계획, 판매계획 등)를 공유한다.

② 공장에서 소매점까지의 물류를 일원화한다.

③ 제조와 소매를 동기화하여 보유재고를 절감하는 데 협력한다.

④ PB상품을 개발한다.

유통 공급망의 전체 최적화(유통 SCM)

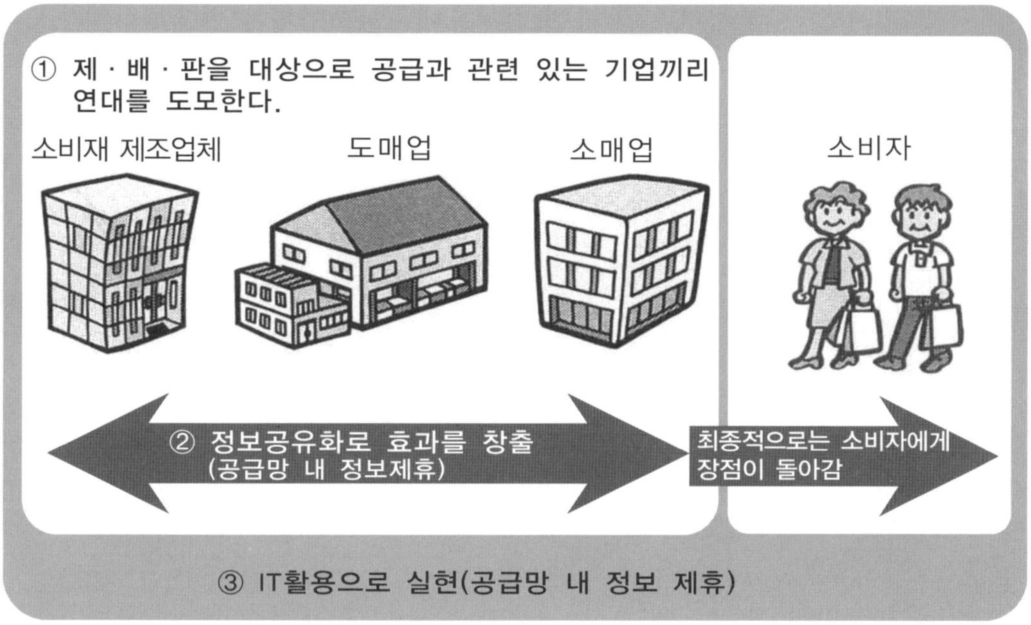

출처: 《개설 유통 SCM(概說流通SCM)》 (재)유통시스템개발센터

3. 제배판동맹

제배판동맹(製配販同盟)은 제판동맹이 발전한 형태로, 제조업 · 도매업(물류업) · 소매업의 삼자가 물류의 효율화, 재고삭감에 동참하는 것이다.

4 ECR과 QR로 유통 효율화

소비자를 만족시키기 위해 소매 · 도매 · 제조업체가 협동한다.

1. ECR이란?

ECR(Electric Consumer Response)이란, 소비자의 기본욕구에 대응하기 위해 제조업체, 도매업체, 소매업체가 연대하여 유통시스템 전반을 효율화하는 시스템을 말한다.

1992년 미국 식품업계에서 탄생한 개념으로, 생산에서 판매까지의 흐름을 단축하는 퀵·딜리버리, 상품재고 절감에 따른 저비용화를 추진하는 데 목적이 있다.

소비자를 중심으로 한 상품보충, 판매촉진, 상품구색, 효율적인 신상품 도입을 목표로 한다. ECR을 도입하면 소비자에게는 ① 상품 품질 향상, ② 결품 절감 ③ 상품구색 충실 ④ 가격 인하, 등의 장점이 생긴다.

2. ECR은 소비자 중심

기존의 유통은 소비자가 중심이 아니었다? 꼭 그렇다고도 할 수 없다. 상품을 제공하는 쪽이 상품 사용자인 소비자를 전혀 고려하지 않는다는 것은 생각조차 할 수 없기 때문이다. 그러나 유통업을 둘러싼 환경이 크게 변한 것도 사실이다.

대량생산, 대량판매 시대는 끝났다. 이제 소비자의 기본욕구는 다양해지고 십인십색(十人十色)에서 일인십색(一人十色)의 시대가 되었다. 그만큼 유통에 관여하는 소매업·제조업은 소비자의 기호에 꼼꼼하게 대처해야 한다.

구체적인 사례를 보자. 예전에 아이스크림은 여름상품의 대표 주자였다. 제조업체는 여름철의 수요를 미리 예측하여 약 6개월 전부터 아이스크림을 만들었다. 그런데 일기예보가 빗나가 평년보다 기온이 낮을 줄 알았는데 폭염이 계속되기도 하고 그 반대의 경우도 발생했다. 폭염이 계속되면 아이스크림은 날개 돋친 듯 팔리고, 기온이 낮은 날이 계속되면 재고가 산더미처럼 쌓이게 된다. 즉, 유통에 들인 수고와 노력이 헛수고가 되는 결과를 초래하고 말았다.

그래서 도입된 것이 ECR 시스템이다. 대량생산·대량유통·대량판매를 그만두고 일단 최소량만 미리 만들어두고 팔린 수량만큼 생산하여 출하하는 퀵·딜리버리(Quick Delivery) 체제로 변경하게 된 것이다.

ECR의 전략영역

전략영역	목적	효과	요소기술
점포에서의 효율적인 상품구색	재고 생산성, 점포에서의 진열면수계획 최적화	• 소매점에서의 매장 면적 당 매출과 매출총이익 증가 • 재고회전율 향상	• POS 데이터 분석 • 단품분석 • 카테고리 매니지먼트 • 진열대 관리
효율적인 상품 보충	재고보충 시스템의 최적화 (시간과 비용)	• 소매점과 도매업의 자동발주 • 물류최적화 • 상품손상 절감 • 제조업체, 유통업체의 재고절감	• CRP[56)] • 보충수량 예측 시스템 • 재고관리 • 물류시스템 • 크로스 도킹
효적적인 프로모션 (판매전략)	유통과 소비자에 대한 프로모션 시스템 전체 효율 극대화	• 입출고, 운송 및 배송, 제조의 효율 향상 • 선구매 절감, 제조업체의 재고절감, 창고비용 절약	• POS 데이터 분석 • 카테고리 매니지먼트 • 효과적인 판촉 • 상품 공급자와 소매업이 하나가 된 판매전략
효율적인 신상품 도입	신상품 개발, 도입 효과의 최대화	• 도입 실패 상품의 절감 • 상품가치 향상	• 상담에서 신상품 초기 발주까지의 리드타임 단축 • POS 데이터 분석 • 제배판 협력 하에 판매촉진효과 분석

출처: 「중소기업진단사 1차시험대책강좌 텍스트 운영관리」 TBC수험연구화

56) CRP(continuous replenishment program) : 자동보충재고 프로그램

3. QR이란?

QR(Quick Response)은 소매점과 납품업체 사이에 EDI(Electronic Data Interchange)를 구축하여 시장정보를 반영한 제공시스템을 실현하자는 체제이다. 상품이 만들어져서 팔리기까지의 리드타임 단축으로 가격인하 손실이나 판매기회 손실이 줄어들면 저가 판매가 가능해진다.

QR도 ECR와 마찬가지로 기업의 효율화뿐 아니라 소비자의 만족도를 높이기 위해 소매업과 도매업, 제조업이 협동해야 한다. ECR은 주로 식품·일용잡화업계에서, QR은 주로 패션업계에서 도입하고 있다.

199쪽 표에서도 알 수 있듯이 QR을 도입하기 전의 발주(사전발주) 시스템에서 제조업체는 일괄발주를, 제조도매업체는 기획·수주 및 발주·유통가공을, 소매업은 수요예측과 판매를 개별적으로 실시했다. 따라서 리드타임은 수개월에서 1년까지로 오래 걸렸다.

QR의 도입과 함께 가장 크게 변한 부분은 삼자가 정보를 공유하여 리드타임이 단축되었다는 점이다. 제조업체는 일괄대량 생산체제에서 소량 생산체제로 바뀌었다. SPA(Speciality Store Retailer of Private Level)란, 제조에서 점포판매까지 한 회사가 일괄적으로 운영하고 관리하는 패션의 제조·소매업을 가리키는 말이다. 제조에서 판매까지 한 곳이 주도적으로 관리하므로 리드타임이 단축되고 효율적인 생산·판매가 가능하다. SPA를 지향하여 성공한 사례로는 유니클로(uniqlo)를 들 수 있다.

CRP에 따른 장점(기대효과)

제조업체

① 결품손실 절감과 재고 압축
② 수주작업 효율화
③ 물류비용 절감

유통업

① 결품이나 과잉재고 절감
② 발주작업의 효율화
③ 물류비용 절감

소비자

① 신선하고 품질이 높은 상품을 저비용으로 구매가능하다.

CRP: Continuous Replenishment Program(자동보충재고프로그램)

출처: IBM사 자료

의류의 QR

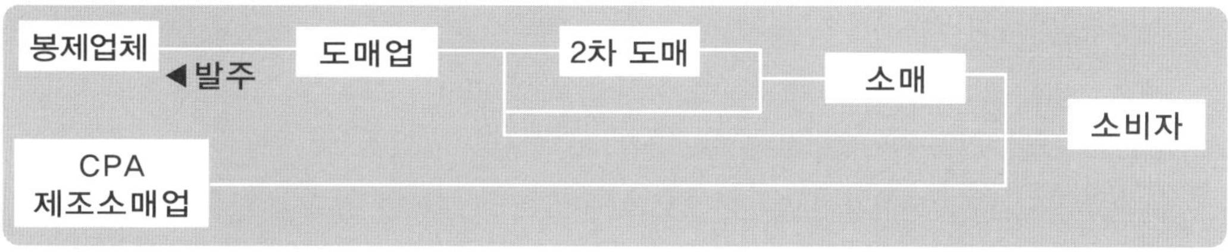

기존의 발주(사전 발주) QR(Quick Response)

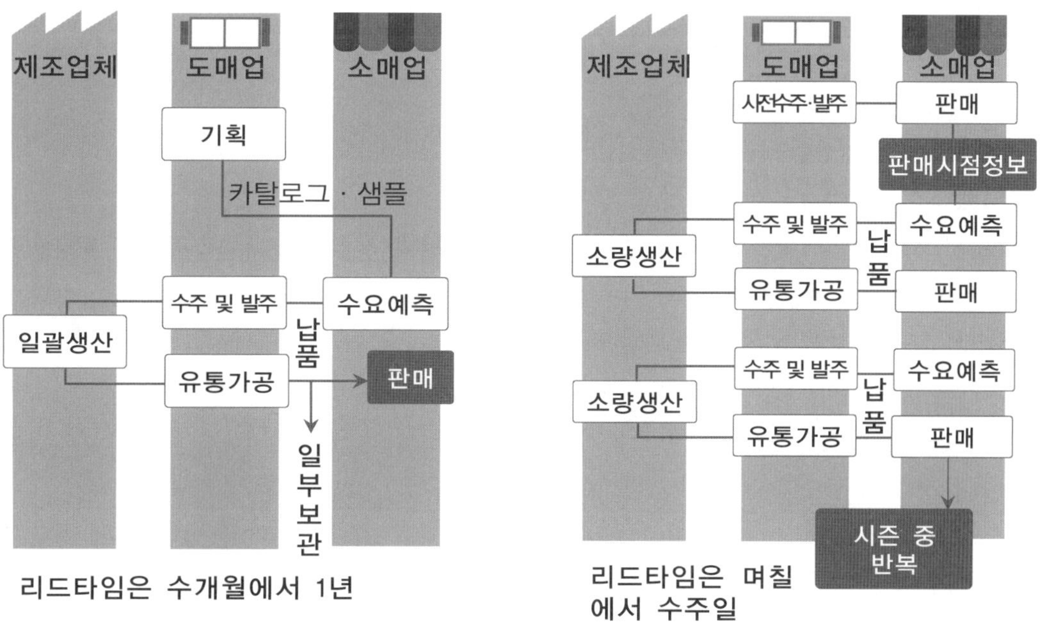

출처: 《도해 쉽게 이해하는 앞으로의 유통(図解よくわかるこれからの流通)》 기노시타 야스시(同友館出版)

5 FSP로 우량고객 고정화

우선적인 우대 서비스를 제공하여 고객 충성도를 높인다.

1. FSP란?

FSP(Frequent Shoppers Program)는 구입 빈도가 높은 우량고객을 선별하여 우선적으로 우대하는 서비스를 제공하는 일로, 장기적인 안목에서 고객 충성도를 높이고 고객 고정화를 도모하는 기법이다. 파레토의 법칙에 따르면, 매출의 약 80%는 상위 20~30%의 고객이 차지한다. 이 상위 고객을 중점적으로 관리하자는 것이 FSP의 기본적인 생각이다.

물론 Frequent Shoppers[57]가 복수형이라고 하여 FSP가 상위 20~30%의 고객을 '클러스터(cluster, 무리 혹은 층)'로 보는 것은 아니다.

FSP의 궁극적인 목적은 모든 단골고객에 대해 개별적으로 우대하는 정책을 실시하는 것이다. 따라서 FSP는 원투원 머천다이징을 지향하는 프로그램 중 하나라고 봐도 무방하다. 서비스를 제공하는 기업은 모든 고객을 평등하게 대하는 것을 기본으로 하되, 개개의 고객에게는 차별화된 방법으로 보답하는 것이 FSP의 이념이다.

FSP를 전개하려면 신용카드나 포인트 카드 등의 정보 시스템과 연동해야 한다. 정보 시스템에서 ① 고객의 구매행동이 어떻게 전개되는지를 정확히 파악하고, ② 우량고객의 구매행동을 데이터베이스화해야 한다. FSP를 도입하는 데 있어서 고객 데이터베이스는 반드시 갖춰야할 조건이다.

고객이 언제 무엇을 얼마나 샀는지를 데이터화하여 다음 판촉 시에 활용한다. 예를 들면 신사복 점포에서 검정색 양복을 구매한 고객이 청색 계열 와이셔츠를 구매할 확률이 높다는 것을 알았다면 다음에는 황색 넥타이를 추천하는 등의 프로모션과 연결할 수 있다.

FSP는 최종적으로는 개인 고객에게 서비스를 제공하는 원투원 마케팅으로 이어진다. FSP 도입효과를 정리해보면 201쪽 표와 같다.

---

57) 단골고객이라는 뜻이다.

FSP의 목적

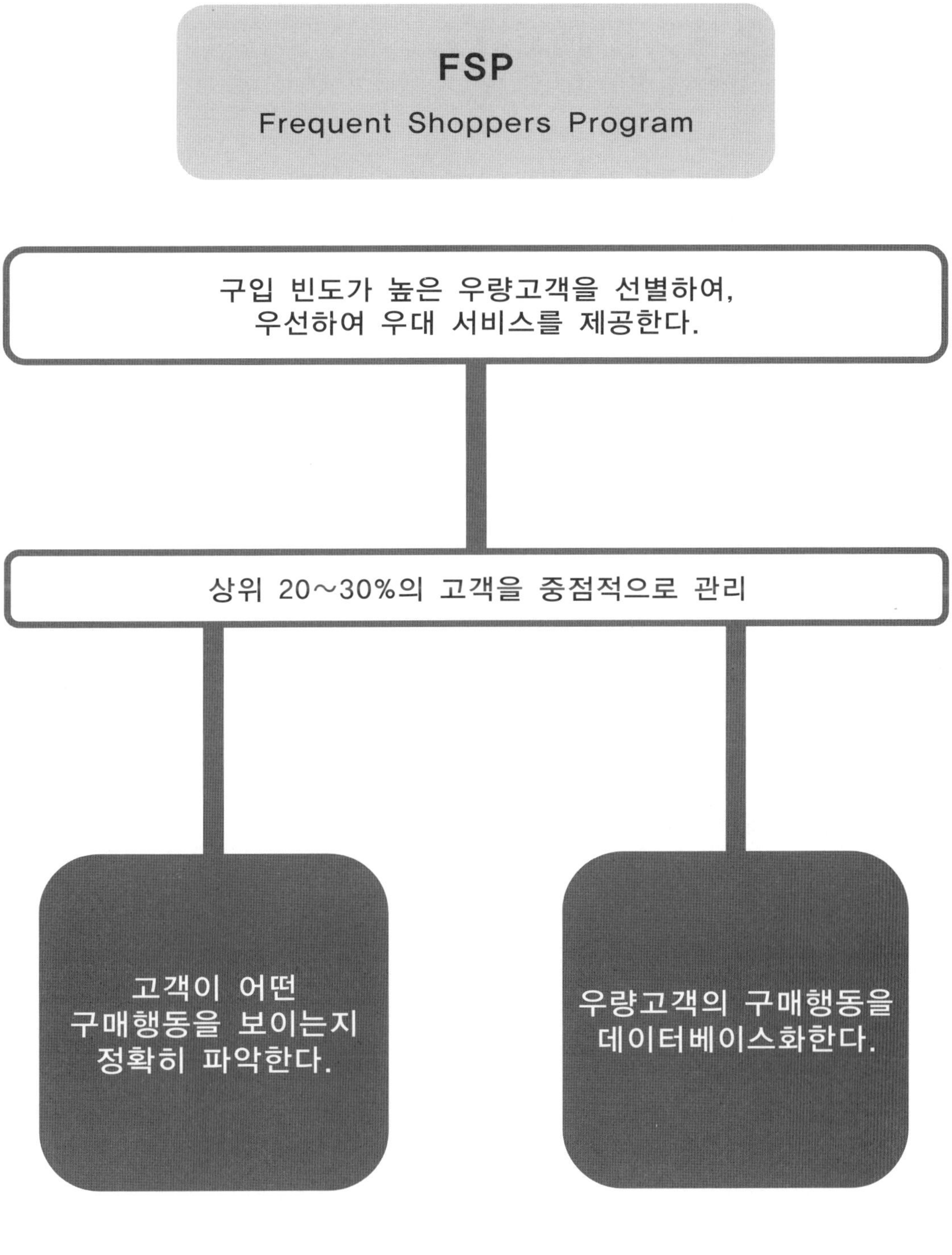
FSP
Frequent Shoppers Program
구입 빈도가 높은 우량고객을 선별하여,
우선하여 우대 서비스를 제공한다.
상위 20~30%의 고객을 중점적으로 관리
고객이 어떤
구매행동을 보이는지
정확히 파악한다.
우량고객의 구매행동을
데이터베이스화한다.

2. FSP의 분석기법

(1) 데실 분석(Decile analysis)

데실 분석이란 전 고객을 10등분하여 상위 2위 혹은 3위까지의 고객을 중점적으로 관리하는 분석기법으로, 순서는 다음과 같다.

① 고객을 구매금액이 큰 순서로 재배열한다.

② 전체를 10등분하여 각 등분별 구매금액을 합산한다.

③ 구매금액의 합계에 대해 등분별 비율을 계산한다.

(2) RFM 분석

RFM 분석은 R(Recency) 최근 구매도, F(Frequency) 구매빈도, M(Monetary) 구매금액의 세 가지 항목을 기준으로 고객을 중점 관리하는 기법이다. 시작은 미국의 카탈로그 통신판매회사가 카탈로그의 반응을 살펴보기 위해 개발한 것이었다.

RFM 분석을 활용하면 구매빈도가 높은데도 최근 2개월간 내점하지 않은 고객을 골라낼 수 있고, 구매빈도는 높은데 구매금액이 평균치보다 낮은 고객을 찾아주기도 한다. RFM 분석은 데실 분석과는 달리 고객의 구매동향을 상세히 분석할 수 있다.

(3) FRAT 분석

FRAT 분석은 RFM 분석과 거의 비슷한 분석법으로, F(Frequency) 구매빈도, R(Recency) 최근 구매도, A(Amount) 구매금액, T(Type) 구매상품이라는 네 가지 항목을 기준으로 분석하는 기법이다. RFM 분석과 비교하여 구매상품, 즉 고객이 무엇을 샀는지를 분석할 수 있다는 점이 다르다.

FSP의 장점

개별대응 효과

개개의 소비자에게 대응

비용절감 효과

쿠폰 등, 반드시 인쇄물이 필요한 것은 아니다.

정보축적 효과

판촉 효과를 측정할 수 있으며, 그 결과를 다음 판촉 시에 반영할 수 있다.

끌어들이기 효과

해당 점포의 당기 구입 실적이 차기 판촉에 직결되어, 점포 충성도가 향상된다.

출처: 《중소기업진단사 2차 시험대책 강좌 텍스트 테마별 공략 가이드 상권》 TBC수험연구회

FSP 도입순서

카드 배부 ▶ RFM 분석 ▶ 고객 등급산정 ▶ 등급별 판촉정책 ▶ 상위고객 고정화

6 연관구매분석으로 상품 간 상관관계를 명확히

연관관계가 높은 상품은 연관구매확률이 높으므로 가까이 진열한다.

1. 연관구매분석(크로스 세일링, cross selling 분석)

머천다이징 정책을 세울 때는 팔린 상품과 안 팔린 상품이 무엇인지는 반드시 알아야 하는데, 대표적인 방법으로 장바구니 분석(Shopping Basket analysis)이 있다.

장바구니 분석은 말 그대로 장바구니의 내용을 분석하는 것이다. 그중에서도 무엇과 무엇을 함께 샀는지를 분석하는 연관구매 분석이야말로 가장 정통적인 분석기법이다. 연관구매 분석으로 상품 간 상관계수를 산출하여 상관계수가 높은 상품은 곧 함께 구매될 확률이 높다는 뜻이므로 가까이에 진열해야 한다.

연관구매 분석은 크로스 세일링 분석이라고도 한다. 크로스 세일링 분석을 실시할 때는 긍정적인 측면(상품 A를 구매한 고객은 상품 B도 구매)과 부정적인 측면(상품 A를 구매한 고객은 상품 C는 구매하지 않음)을 모두 분석해야 한다.

2. 판촉 상품 분석

판촉(Promotion) 상품 분석이란, 전단지 등에 게재하여 판매촉진을 실시한 상품이 정말로 잘 팔렸는지를 분석하는 것이다. 전단지 효과가 사라져가는 가운데, 판촉상품 분석의 중요성은 거꾸로 높아지고 있다고 해도 좋을 것이다. 판촉상품 분석에는 다음도 포함된다.

① 판촉상품별 연관구매 분석

판촉상품과 일반상품의 관련성을 분석한다.

② 카니벌라이제이션(Cannibalization, 잠식상품) 분석

동일 카테고리 내에서 A상품을 구매하면 B상품은 사지 않는 것을 말한다.

③ 체리 픽킹(판촉상품만 구매) 분석

체리피커(Cherry-picker) 동향을 상품과 연관하여 분석한다.

장바구니 분석

3. 소비자의 구매 라이프사이클 분석

POS 데이터를 사용하여 소비자의 구매 라이프스타일을 분석한다. POS 데이터를 활용하여 소비자의 라이프스타일을 유추해내는 것도 머천다이저의 중요한 업무이다. 고객의 라이프스타일을 파악하려면 데이터 마이닝(Data Mining) 등의 기법을 사용하여 고객 ID단위로 장기간의 구매 데이터를 분석해야 한다. 머천다이저는 소비자의 동향을 읽고 가설을 설정할 줄 알아야 한다.

7 단품별 PI값으로 고객지지율 향상

점포 간 비교나 특매상품 결정, 경쟁상품과의 비교 등에 활용한다.

1. PI값이란?

PI(Purchase Incidence) 값이란, 단품별 판매수량 혹은 판매금액과 정산 고객 수(계산대 통과 고객 수)를 비교한 지표이다. PI값은 다음의 공식으로 나타낸다.

PI값 = 판매수량 ÷ 계산대 통과객수 × 1,000

PI값 = 판매금액 ÷ 계산대 통과객수 × 1,000

PI값은 백분율(%)이 아니라 1,000명 당 구매수량 혹은 구매금액으로 표시한다. 이유는 100명단위로 계산하기보다 1,000명 단위로 계산할 때 좀 더 상세한 데이터 분석이 가능하기 때문이다. PI값이 높으면 고객이 그 상품을 지지(구입)하고 있다는 뜻이 되므로, PI값은 고객만족도·상품지지율을 측정하는 지표가 된다.

위 공식에서도 알 수 있듯이 고객 한 명이 두 개, 세 개씩 구매하는 경우 판매수량의 PI값은 높아진다.

반면에 매상율(구매율)은 계산대를 통과한 고객 수와 구매객수의 비율을 말한다. 따라서 PI값과 매상율(구매율)은 다르므로, 구분하여 사용하도록 한다.

매출액 = 객수 × 객단가

이 같은 공식이므로,

객수 × (PI값 × 단가) = 단품별 매출

PI값에서 단품별 매출액을 예측할 수 있다.

PI값 활용법

PI값

Purchase Incidence

단품별 판매수량(혹은 판매금액)과
정산객수(계산대 통과 고객 수)를 비교한 지표

점포간 비교	동일 상품의 판매실적 동향이나 자사점포의 문제점이 드러난다.
특매상품 결정	PI값 얼마 이상을 특매상품으로 할지 정한다.
경쟁상품 비교	판매실적 동향을 비교하여 발주나 진열에 반영한다.
품절대책	품절 시각 이후의 판매수량을 예측한다.
신상품의 판매상황	PI값을 시계열로 분석하고 판매수량 등을 예측한다.

2. PI값의 활용법

PI값에는 다음과 같은 활용법이 있다.

(1) 점포 간 비교

동일 체인점 간의 PI값을 비교하면 점포 간 동일 상품의 판매실적, 진열방법, 연출방법, 판매장소, POP 등이 비교되면서 자사점포의 문제점이 드러난다. 또, 자사점포의 POS 데이터를 닛케이 POS 데이터와 비교함으로써 표준값과도 비교할 수 있다.

(2) 특매상품 결정

판촉회의에서 전단지에 실을 특매상품은 PI값이 얼마나 되는 상품으로 할지, 매입수량은 어느 정도로 할지를 결정한다. PI값이 낮은 상품을 특매상품으로 채택해도 판촉효과는 기대할 수 없기 때문이다. 판촉을 실시했으면 반드시 판촉상품의 PI값을 계측하여 판촉효과를 측정하는 일을 잊어서는 안 된다.

(3) 경쟁상품 비교

경쟁상품 간의 PI값으로 판매실적 동향을 비교한다. 예를 들면, 이토엔(伊藤園)의 '오이오차(おーいお茶) 어린 녹차잎 · 어린 줄기 100g'과 산토리(サントリー)의 '후쿠쥬엔(福寿園) 녹차가루를 달인 차 100g'의 PI값을 비교하여 발주와 진열에 반영한다.

(4) 품절대책

단품별 품절시각을 알면 품절시각 이후의 판매수량을 예측할 수 있다. 품절시각에서 납입시각까지의 예상 고객수와 PI값을 곱하여 차기 매입수량을 결정한다.

품절금액은 다음 공식을 나타낸다.

품절금액(예상) = 품절시각에서 납입시각까지의 예상 판매수량 × 상품단가

따라서 단품별 품절금액을 산출하여 금액이 큰 것부터 품절대책을 수립해야 한다.

(5) 신상품 판매상황

신상품을 도입한 후에 해당 상품의 PI값을 시계열로 분석하여 향후 판매수량, PLC(Product Life Cycle)를 예측한다. PI값이 상승세를 보이면 성장기 상품이며, PI값이 하락세를 보이면 성숙기 후기 상품으로 보고 매장에서 철수할 때를 고른다.

인기상품 랭킹(출력결과)

최신 랭킹

기간: 2008년1월28일 ~ 2008년 2 ~ 3주(週)
상품분류: 즉석컵라면(137)

		금액 점유율	천 명당 금액	평균가격
	합계	100.0	11811	102.8
1	닛신 식품[58]	컵라면 4.6	컵 77g 538	107.3
2	닛신 식품	컵라면 3.2	시푸드라면컵 75g 377	106.9
3	닛신 식품	컵라면 2.3	컵 59g 273	84.8
4	닛신 식품	컵라면 2.2	카레 컵 85g 261	107.6
5	닛신 식품	UFO 야키소바 2.0	컵 129g 240	105.8
6	닛신 식품	수프누들 2.0	시푸드 61g 239	85.3
7	닛신 식품	돈베이 1.8	탄탄면(우동) 컵 112g 216	118.8
8	토요 수산[59]	마루짱 1.8	유부우동 컵 96g 210	93.9
9	토요 수산	마루짱 1.6	튀김 메밀국수 컵 101g 193	93.2
10	묘조 식품[60]	잇페이짱	포장마차 야키소바 컵 135g	

출처: <닛케이 POS 정보> (닛케이 텔레콤21)

58) 日清食品: 1948년 설립된 일본의 대표적인 즉석라면 제조업체. '닛신' 시리즈와 'UFO' 시리즈로 유명하다.

59) 東洋水産: 1953년 설립된 도쿄 소재 식품회사. 주로 컵라면, 인스턴트라면, 냉동면류, 가공식품 등을 제조, 라면 '마루짱(マルちゃん)' 시리즈로 유명하다.

60) 明星食品: 1950년 설립. 주로 인스턴트라면, 컵라면을 제조 · 판매한다. '묘조 챠루메라(明星チャルメラ)' 시리즈로 유명하다.

8 물류, 로지스틱스로 상품유통을 빠르게

상품 매입에서 출고, 고객에게 도달하기까지의 흐름을 효율화한다.

1. 다빈도 소량배송이란?

다빈도 소량배송(多頻度少量配送)은 1회 배송량이 적은 대신 배송횟수를 늘리는 방식을 말한다. 예를 들면 기존의 주 1회, 20개 단위로 배송을 했던 상품을 주 3회, 1회 배송량을 최저 수량단위, 1개 단위이상으로 배송하는 방식이다.

다빈도 소량배송은 소비자의 기본욕구가 다양해지고 상품의 라이프사이클이 단축되면서 더욱 발전했다. 소비자의 기본욕구는 다양화되는데 1회 배송량이 많으면 소매점은 불필요한 재고를 떠안게 되기 때문이다.

다빈도 소량배송은 편의점 업계에서 시작되었다고 한다. 편의점 업계는 매장 면적이 100㎡가량으로 넓지 않으며, 창고 또한 넓지 않다. 반면에 다른 소매업태와 비교하여 고객의 내점 빈도는 높아서 상품 교체도 빈번하다.

어찌 보면 편의점이 다빈도 소량배송을 시작했다기보다, 소비자의 시점에서 물류·배송 체제를 재검토하다보니 다빈도 소량배송이 되었다는 게 맞지 않을까?

다빈도 소량배송의 '다빈도'는 소매점에서의 발주시점에서 그 상품이 납품될 때까지의 시간이 짧은 것을 말한다. 또한 '소량'은 배송 단위가 작다는 뜻이다. 예전의 반드시 10개 단위이상이어야 배송한다는 식의 '묶음' 단위의 사고방식이 열어지고 '낱개' 단위의 공급체제가 만들어지고 있다. 결과적으로 물류비용은 증가하겠지만, 부적절한 수급을 방지하고 소매점은 적정재고에 가까운 재고수준을 유지할 수 있다는 게 장점이다.

다빈도 소량배송과 로지스틱스

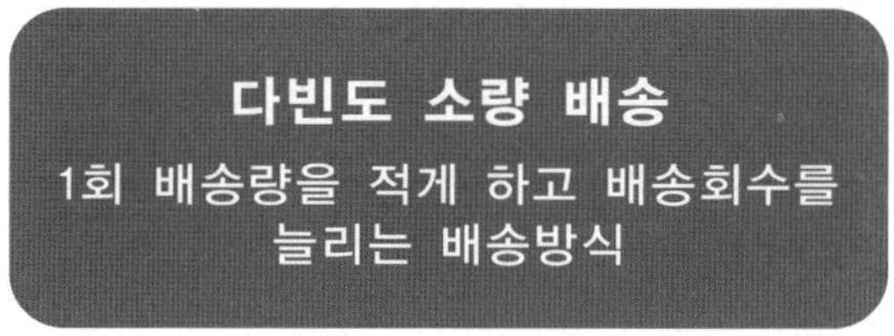

예

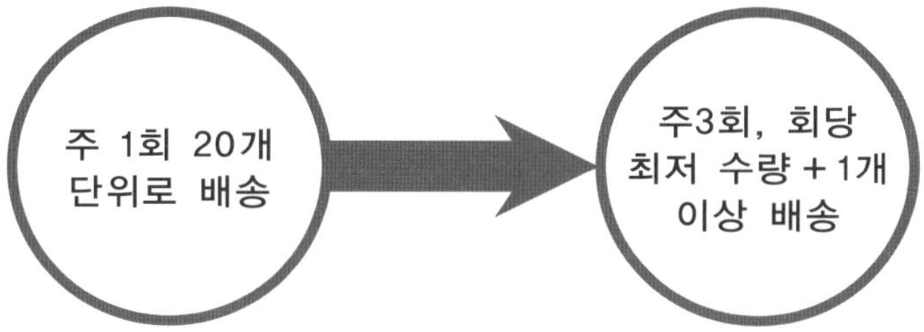

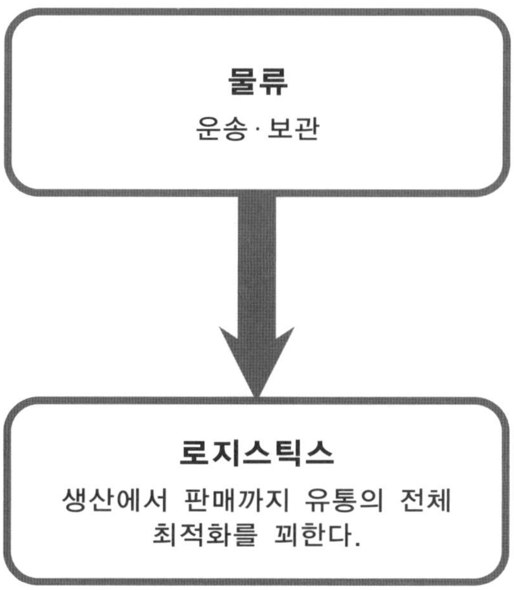

2. 시간지정납품

물류는 정확성과 속도가 생명이다. 정확성이란 소매점에서 주문받은 대로 정확히 가져다주는 것이다. 정확성을 나타내는 대표적인 지표로 납품율이 있는데, 물론 100%를 달성한다면 가장 이상적이겠지만 현실적으로는 어렵다. 그런 와중에 납품율을 99.99% 달성하는 대형 도매업체가 있다.

반면에 속도는 글자대로 빨리 가져다주는 일이다. 어떻게 해서든 빨리 배송한다고 다가 아니다. 정해진 시간에 가져다주는 '시간지정납품'이 중요하다. 정해진 시각보다 빨리 납품하는 일을 '조납(早納)', 늦게 납품하는 일을 '지납(遲納)'이라고 한다. 물류업계에서는 정시정납 배송을 열차나 버스의 시각표를 적용하여 '다이어그램 배송'이라고 한다.

3. 로지스틱스란?

로지스틱스란 재료를 매입하여 완성품으로 출하되고 고객에게 전달될 때까지의 흐름을 더욱 신속하고 효율적으로 향상시킬 수 있을지를 연구하는 분야이다. '물류'가 단순히 운송 · 보관을 의미하는 데 반해 로지스틱스는 생산에서 판매까지를 범위에 포함시켜서 기업의 전체 최적화를 목표로 한다.

3PL(Third Party Logistics)이란 스스로 개발한 물류 시스템을 무기로 뛰어난 정보 시스템과 컨설팅 능력으로 고객기업의 물류를 포괄적으로 수탁하는 기업을 가리킨다.

4. 온도대별 물류

최근 편의점 업계를 중심으로 온도대별 물류가 널리 보급되었다. 이는 다빈도 소량 배송 보급으로 화물차 편수가 증가하게 되자, 지구온난화 문제와 비용절감 차원에서 화물차 편수를 줄이자는 하주측 요구에서 비롯되었다. 현재 편의점 업계는 다음의 네 온도대로 나누어 상품을 배송하고 있다.

① 상온: 일용잡화, 가공식품 등

② 냉장: 음료, 유제품, 일배품 등

③ 냉동: 냉동식품, 아이스크림 등

④ 20℃: 도시락, 반찬류 등

물류센터 전략

상품과의 적성에서 봤을 때

센터	상품	유형
DC 디스트리뷰션 센터	● 수입품 ● 생산시기가 한정된 상품 ● 소비기간이 긴 상품	스톡형
TC 트랜스퍼 센터	● 단기간 내 소비될 상품 ● 소비가 일정한 상품	플로형
PDC 포스트 디스트리뷰션 센터	● 일배품 ● 항상상품	스톡형과 플로형 병행
PC 프로세스 센터	● 상하기 쉬운 신선품	초 플로형 (유통가공도 심플)

크로스도킹(Cross Docking)

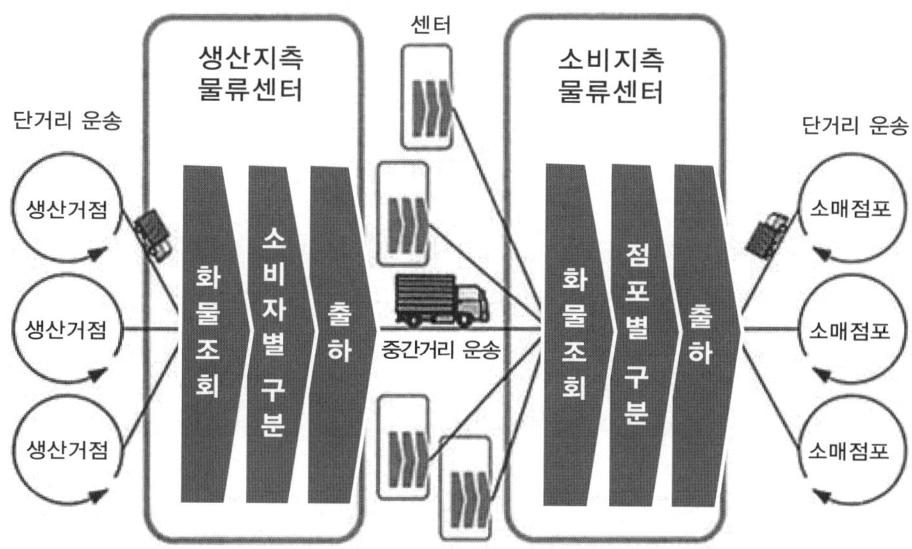

출처: 《도해 쉽게 이해하는 앞으로의 유통》 기노시타 야스시(同友館出版)

9 EC로 고객을 개척하고 새로운 수요를 창출

B to B, B to C로 상거래 전체를 효율화 · 인력절감

1. EC란?

EC(E-Commerce)는 모든 전자상거래를 가리킨다. 네트워크와 컴퓨터 시스템을 활용하여 상거래 전체를 효율화하려는 시스템이다. EC라는 말을 들었을 때 가장 먼저 연상되는 것은 야후나 라쿠텐[61], 아마존, 여행 예약 사이트 등일 것이다. 이러한 대형 EC 업체뿐 아니라 중소 제조업, 소매업, 서비스업 등도 EC 비즈니스에 일제히 참여하고 있다. 인터넷 보급과 함께 EC는 급속히 발전했다.

EC가 어떻게 이렇게까지 급속히 발전했을까? 인터넷 보급을 빼놓고 EC의 발전을 이야기하기란 물론 어렵다. 그러나 인터넷 보급이 다는 아니다. EC 발전의 배경을, 장점을 중심으로 살펴보면 다음과 같다.

① 상거래의 전자화로 거래의 효율화 및 인력의 절감

지금까지는 사람을 중개로만 이뤄지던 거래가 인터넷상에서 모두 해결되면서 단숨에 거래의 효율화와 인력이 절감됐다.

② 상권에 상관없이 새로운 고객을 개척할 수 있다.

인터넷은 인터넷을 매개로 전 세계와 연결된다. 기존의 오프라인 점포처럼 상권을 의식할 필요가 없다.

③설비투자비용이 적게 든다.

EC는 컴퓨터와 인터넷 환경, 그리고 약간의 기술만 있으면 시작할 수 있다. 점포나 사람 없이도 진입할 수 있으므로 투자비용을 최소한으로 줄일 수 있다.

④ 새로운 수요를 창출한다.

②번과도 관계가 있는데, 상권 제약이 없어 새로운 수요(고객)를 개척할 수 있는 가능성이 넓다.

---

61) 楽天, 인터넷 쇼핑몰이다.

EC의 강점을 살린 아마존

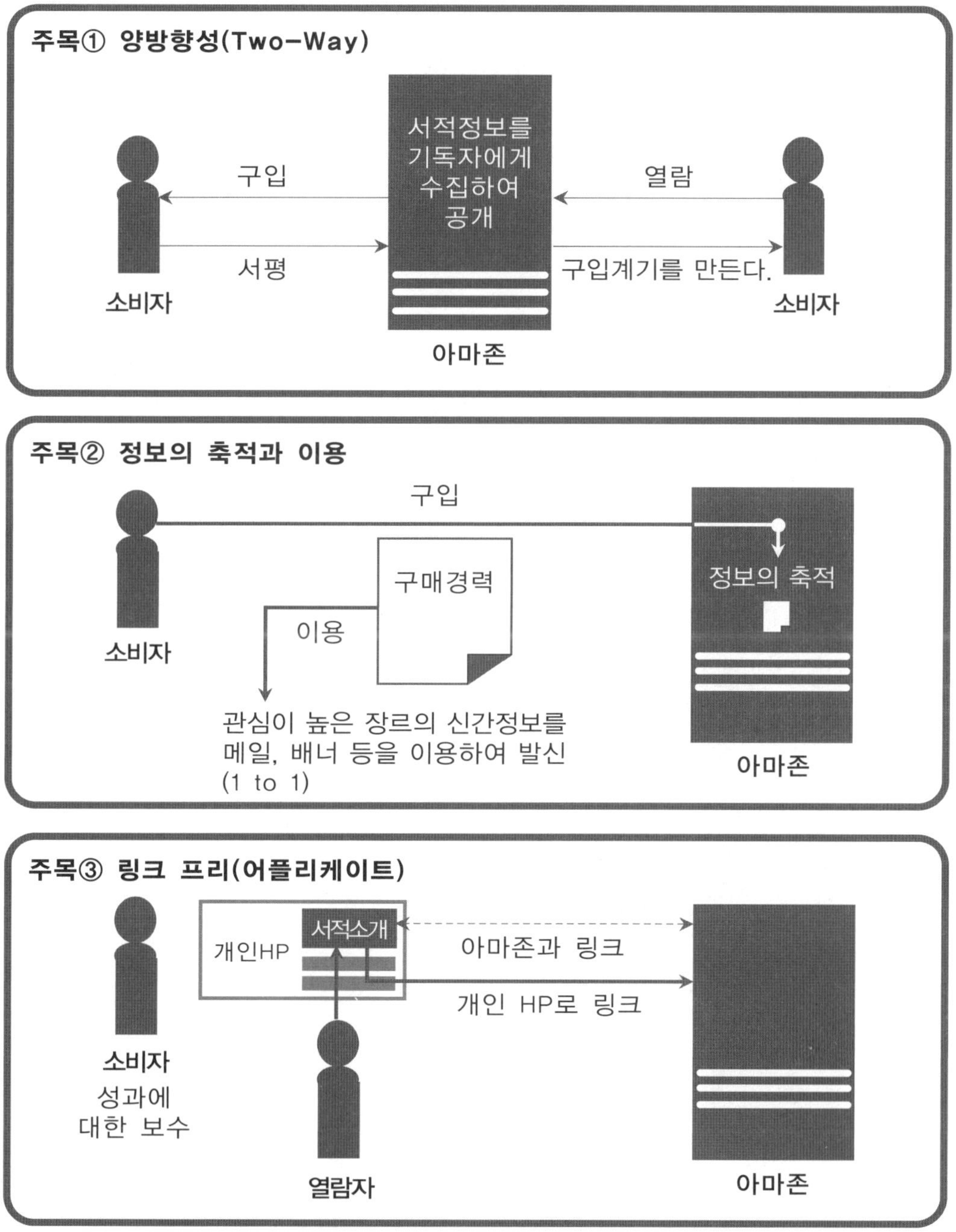

출처: 《도해 쉽게 이해하는 앞으로의 유통》 기노시타 야스시(同友館出版)

반면, 기업이 EC를 도입할 때는 다음에 유의해야 한다.

① 수주에서 결제, 클레임 처리까지 일련의 시스템('Fulfillment'라고 함)을 구축해야 한다.
② 고객정보 유출, 보안에 특히 주의해야 한다.

EC는 인터넷상에서 모두 처리하므로 개인정보 보호 등의 정보 보안이나 클레임이 발생하지 않도록 주도면밀한 대응책이 필요하다.

2. EC의 형태

EC에는 다음의 두 가지 형태가 있다.

(1) 기업 간 전자상거래(B to B)

기업 간 거래를 인터넷상에서 실시하는 것이다. 일례로, 문구 제조업체가 홈페이지를 활용하여 사무용품에 대한 중소기업의 기본욕구를 수집하고 다음날 배송 등의 퀵·딜리버리를 실시하는 등이다.

(2) 기업과 소비자 간의 전자상거래(B to C)

기업과 소비자를 연결하는 전자상거래이다. 인터넷 쇼핑몰 등이 전형적인 예이다. 인터넷상에서의 경매나 서적 판매 등, 다방면으로 활용되고 있다.

3. 인터넷 쇼핑몰의 장단점

인터넷 쇼핑몰62)의 장점과 단점은 다음과 같다.

(1) 장점

① 초기비용이 저렴하다.
② 24시간 영업이 가능하다.
③ 상권의 거리·장소의 제약을 받지 않는다.
④ 쌍방향 커뮤니케이션이 가능하다.

(2) 단점

① 경쟁사가 진입하기 쉽다.
② 보안대책에 늘 신경 써야 한다.
③ 발송비용이 든다.
④ 결제신용도가 낮다.

62) 일본어로는 'WEB店舗(웹 점포)'라고 한다.

전자상거래와 인터넷 쇼핑몰

전자상거래의 장점

- 거래의 효율화 · 인력의 절감
- 설비투자비용이 적게 든다.
- 상권에 얽매이지 않고 새로운 고객을 개척할 수 있다.
- 새로운 수요를 창조할 수 있다.

인터넷쇼핑몰의 장점

- 초기비용이 저렴하다.
- 상권의 거리 · 장소에 구애받지 않는다.
- 24시간 영업이 가능하다.
- 쌍방향 커뮤니케이션이 가능하다.

대형 편의점의 식사 배송 서비스

주문방법: 점포에서 / 컴퓨터로 / 전화 · 팩스로

↓

수취방법: 점포에서 / 택배로

찾아보기

영문색인

국문색인

ㅇ

ㅈ

저자소개

기노시타 야스시(木下安司)

- 1951년 나가노현(長野県) 출생. 1973년 사이타마(埼玉)대학 경제학부 졸업.
- 주식회사 세븐·일레븐·재팬 시스템부를 거쳐 경영 컨설턴트로 독립. 1982년 4월 주식회사 도쿄 비즈니스 컨설팅(현재 (주)TBC) 창설. 이후 주식회사 TBC 솔루션즈, 주식회사 경영교육종합연구소를 차례로 설립. 현재 주식회사 TBC 대표이사 겸 사장. 경제산업대신등록 중소기업 진단사. 호세이(法政) 대학 오픈 칼리지 강사. 전 치바(千葉) 경제대학 경영정보학과 강사
- 업계 굴지의 합격률을 자랑하는 'TBC 수험연구회'를 27년간 주재하며 중소기업진단사 지도, 육성을 통해 인적 네트워크를 구축. 유통업계의 슈퍼바이저·머천다이저 연수, 유통업의 경영혁신 지원 등, 다수 경영 컨설팅을 주관함. 미국 유통업계의 동향에도 정통.
- 유통과 관련된 주요 저서로는《도해 쉽게 이해하는 앞으로의 유통》(同友館出版),《편의점 지식(コンピニエンスストアの知識)》《소매점 점장의 상식》(日本経済新聞出版社),《세븐·일레븐에 배우는 변혁의 힘》(講談社),《세븐·일레븐 e 비즈니스 전략》(山下出版, 共著), 《수퍼 바이저의 조건》(商業界, 共著),《08년판 점포·판매관리 퀵 마스터》《08년판 마케팅 퀵 마스터》(同友館) 등 다수.

역자소개

박두규

- 서울대학교와 고려대학교에서 경영학석사와 경영학박사 학위를 취득
- 동부그룹, 한국개발연구원(KDI), 삼성경제연구소, 삼성그룹 동남아본사(상가폴)와 삼성전자, 바이탈컨설팅 등에서 근무하였고, 세종대학교, 중앙대학교 국제경영대학원, 한국정보통신대학교 겸임교수를 역임하였고, 중앙공무원교육원, 지방행정연수원, 각종 최고경영자과정 등 출강
- G경영연구소(GMRI) 소장, 트라이밸류(주)대표이사, KOTRA 해외사업개발자문관, 장안대학교 프랜차이즈경영 전임교수, 한국남동발전(주) 경영자문위원, 시장경영지원센터 경영자문위원을 겸하고 있고 30여 년간 세계 60여 개국을 다니면서 터득한 경험과 지식을 바탕으로 기업과 조직들을 대상으로 경영컨설팅과 경영자문, 임원과 간부교육을 하고 있다.
- 최근에는 국가차원에서 진행하는 공적개발원조 (ODA), 경제발전경험공유사업(KSP) 등에도 참여하고 있고 프랜차이즈의 비즈니스도구化 및 한국 프랜차이즈의 해외진출에 많은 관심을 가지고 있다.
- 주요 논문 및 저서로는 한국 대형소매기관 영업성과의 결정요인 분석, 동종점포간 선택요인에 관한 연구, 창업실무경영(공저), 고객옹호마케팅(공역), 무형자산·경쟁력의 새로운 원천(공역), 마케팅 상상력(공역), 해외투자 실무지침서(공저), 기업매수·합병사례분석과 매수가격결정 및 자금조달 방안 (공저), 디스플레이산업 종합발전전략(주필), 지방자치단체의 경영역량강화방안(공동연구), 환경산업육성전략, 기업변신전략, 판매력 강화전략, 선진전자기업의 경영전략, 대구경북경제자유구역 구미디지털산업지구 투자유치전략수립(공동연구), 프랜차이즈의 경제적 효과분석(공동연구), 한국철도공사 출자회사 경영효율화방안 (공동연구) 등이 있다.

손에 잡히는 머천다이징

2017년 3월 17일 초판 4쇄 인쇄
2017년 3월 27일 초판 4쇄 발행

저자 / 木下安司

역자/ 박두규

발행인 / 고종식

발행처 / 우용출판사 1997 www.choolpansa.com

등록일 / 1997년 11월 25일

출판등록 / 제 2001-1호

주소 / 서울특별시 마포구 망원1동 338-53

전화번호 / 02)324-6577

팩시밀리 / 02)324-6177

정가 / **15,000**원

ISBN / 978-89-6249-035-0

www.choolpansa.com